言の葉連想辞典

Kotonoha Imagine Dictionary

世の中には無数の言葉があります。
文章を書くとき、あるいは人と話をするとき、
まったく同じ内容だったとしても、
使う言葉によって、その印象は大きく変わります。
どんな言葉を選ぶかは、とても重要なことなのです。

ぶ厚い辞典が大型のショッピングセンターなら、
本書はセレクトショップならぬセレクト辞典。
「日常を少しだけ豊かにしてくれる」という視点から
選び抜いた言葉を紹介します。

どうかみなさんが新しい言葉と出会い、
願わくば、お気に入りの言葉を見つける
きっかけになれますように。

CONTENTS

本書の使い方

how to use it

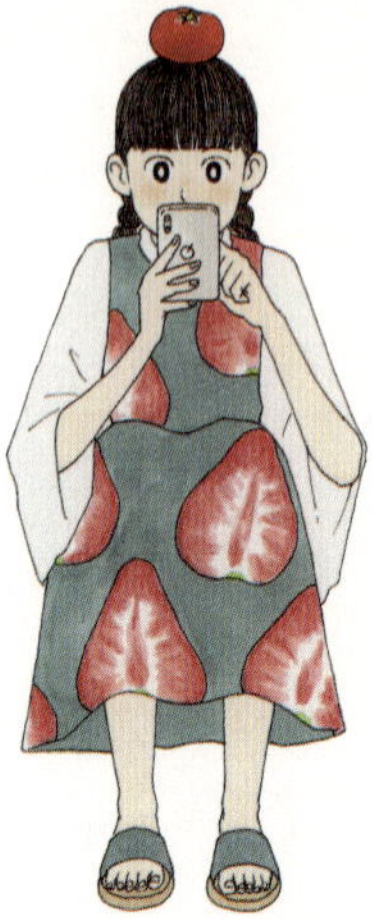

①テーマは漢字一文字

各ページの右上に、テーマとなる漢字を設定。テーマごとに言葉を分類しているので、直感で探すことができます。

②テーマをイメージしたイラスト

全てのテーマごとに、イラストを掲載。うまく言葉にできないときは、イラストから探すこともできます。

② ①

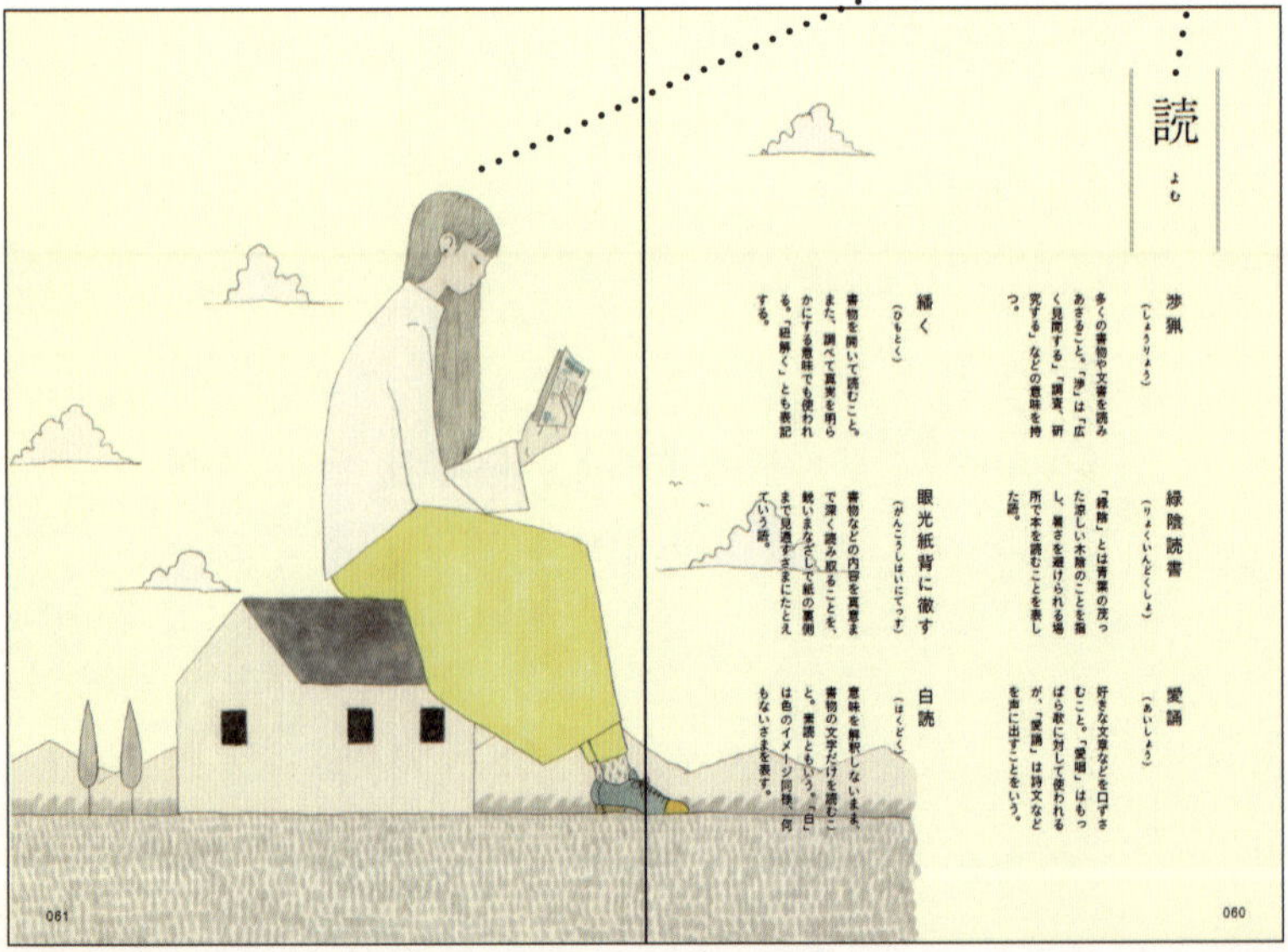

読《よむ》

渉猟（しょうりょう）

多くの書物や文書を読みあさること。「渉」は「広く見聞する」、「猟」は「調査、研究する」などの意味を持つ。

緑陰読書（りょくいんどくしょ）

「緑陰」とは青葉の茂った涼しい木陰のことを指し、暑さを避けられる場所で本を読むことを表した語。

愛誦（あいしょう）

好きな文章などを口ずさむこと。「愛唱」はもっぱら歌に対して使われるが、「愛誦」は詩文などを声に出すことをいう。

繙く（ひもとく）

書物を開いて読むこと。また、調べて真実を明らかにする意味でも使われる。「紐解く」とも表記する。

眼光紙背に徹す（がんこうしはいにてっす）

書物などの内容を真意まで深く読み取ることを、鋭いまなざしで紙の裏側まで見透すさまにたとえていう語。

白読（はくどく）

意味を解釈しないまま、書物の文字だけを読むこと。素読ともいう。「白」は色のイメージ同様、何もないさまを表す。

061 060

自然

海《うみ》

渚

（なぎさ）

水と陸地が接する部分のこと。「汀（みぎわ）」ともいう。「波際」や「波前（なみさき）」などが語源とされる。

澪

（みお）

海岸近くで引き潮のときでも船が通れるよう、水底が深くなった場所。また、船が通った跡の溝を指すこともある。

波の花

（なみのはな）

波が岩などに当たってくだけ、白く泡立つさまを花にたとえた言葉。また、料理屋などで塩のことを指していう場合もある。

徒波

（あだなみ）

風もないのにやたらと立つ波のことで、転じて軽易な行動や、変わりやすい人の心のたとえに用いられる。

瀬戸

（せと）

陸と陸の間の幅が狭い海峡を指す。激しい潮流が発生する場所であり、物事の分岐点を表す「瀬戸際」の略称でもある。

岬

（みさき）

海に突き出た山や丘などの陸地の端。灯台が多く設置されている。「岬」の漢字は「山の傍ら」の意味を持つ。

潮煙

（しおけむり）

波が岩などに当たってくだけ散る、海水の飛沫のこと。飛び立つ飛沫を煙が立っているさまにたとえた語。

白砂青松

（はくしゃせいしょう）

美しい海岸の景色を表す言葉。白い砂と青々とした松が広がる、日本の海岸線を形容する際に用いられる。

空《そら》

霜天（そうてん）

霜の降りた、冬の早朝の空。霜は、物体の表面に空気中の水分が昇華してできるが、日本語では「降りる」「降る」と表現する。

雨催い（あまもよい）

すぐにでも雨が降り出しそうな空の様子。同様に、雪が降り出しそうな空の様子を「雪催い（ゆきもよい）」という。

行き合いの空（ゆきあいのそら）

夏から秋へと季節が移ろう頃の空のこと。天候がはっきりせず、季節が行き交っているさまをたとえた語。

蒼穹（そうきゅう）

青々とした空のこと。「蒼」には「深い青」、「穹」には「空」の意味があり、深い青空を表すに相応しい語といえる。

天の海（あまのうみ）

大空を、同じく広大で青い海にたとえていう言葉。また、同じく大地にたとえたものを「天の原（あまのはら）」という。

暮色蒼然（ぼしょくそうぜん）

日が傾き、徐々に薄暗くなっていく様子。「暮色」は夕暮れ時の薄暗い景色、「蒼然」は夕暮れ時の薄暗さを意味する。

淡粧濃抹（たんしょうのうまつ）

さまざまな天候によって移ろう景観を、女性の化粧にたとえた言葉。また、単に化粧の濃淡を表すこともある。

山《やま》

千尋
（ちひろ）

「尋」は両手を左右に広げた長さで、その千倍であることから、山などが非常に高いことを表した言葉。

翠黛
（すいたい）

遠くに見える、緑色にかすんだ山のこと。また、緑色の黛（まゆずみ）や、それを施した眉。美人の眉の形容ともされる。

雪渓
（せっけい）

標高が高く、日の当たりづらい高山の斜面やくぼみなどに、真夏の頃まで雪が解け残っている様子。夏の季語。

山粧う
（やまよそう）

秋の山が紅葉によって色づく様子。葉の色が赤や黄色へ変化していくさまを、美しく着飾る姿にたとえた語。

銀嶺
（ぎんれい）

純白のドレスを身にまとうように、雪に覆われて美しく銀白色の輝きを放つ山のこと。冬を思わせる表現として使われる。

主峰
（しゅほう）

山脈や山塊の中で、主だった一番高い山のこと。「峰」は「みね」と読み、山のことや、山の頂を意味する。

馬の背
（うまのせ）

両側が切り立った崖になっている狭い山の尾根。また、そこを通る登山道。見た目が馬の背中に似ていることに由来。

水《みず》

泡沫（うたかた）

水面にできる泡のこと。泡はすぐに消えてしまうところから転じて、消えやすく儚い物事のたとえに使われる。

波紋（はもん）

水面に物体を投げ入れた際に起こる、幾重にも輪を描いて広がる模様。次々と周囲に動揺が広がるたとえにも使われる。

水鞠（みずまり）

大きな水玉が飛び散るのを、鞠にたとえた表現。平安時代に蹴鞠が流行するなど、鞠は日本人に馴染みが深い。

水簾（すいれん）

滝の別名。流れ落ちる滝の様子が、水の簾（すだれ）が垂れているように見えることから。「垂水（たるみ）」ともいう。

月の雫（つきのしずく）

露の別名。夜の間に窓辺や植物につく水滴は、月が雫を落としたように見える。露は儚いもののたとえとしても使われる。

滔滔（とうとう）

水が豊かに絶え間なく流れるさま。またそのように流暢に話す様子。「滔」は勢いよく広がるさまを意味する。

水魚の交わり（すいぎょのまじわり）

非常に親密な関係のたとえ。魚は水がなくては生きられないことから。夫婦仲がよいことのたとえとしても用いられる。

水琴窟（すいきんくつ）

庭や茶室などにおいて、地中に埋めた甕（かめ）に水を張り、水滴を落としたときに立てるかすかな音を楽しむ装置。

氷《こおり》

薄氷（うすらい）

春浅い頃の薄く張った氷。または、解け残った薄い氷。冬の氷と違い、消えやすいことから、淡く儚い印象がある。

銀盤（ぎんばん）

銀で作った皿や盆のことで、平らな氷の表面を表す語。特に、スケートリンクの美しさをたとえていう。

垂氷（たるひ）

雨や雪などの水のしずくが、軒などから凍って垂れ下がったもの。「氷柱（つらら）」ともいう。冬の季語。

氷の楔（こおりのくさび）

冬に池や沼などの水が凍りついている様子。楔を打ち込んだように水面が固く閉じているさまを表した語。

蝉氷（せみごおり）

薄く張った氷を、蝉の羽にたとえた語。ほかにも「蝉鬢（せんびん）」など、蝉の羽は透き通ったもののたとえとされる。

花氷（はなごおり）

花を中に入れて凍らせた氷の柱。夏場に、卓上などの装飾と涼感を呼ぶ目的で立てられる。「氷中花（ひょうちゅうか）」とも。

氷室（ひむろ）

冬にとれた天然の氷を夏まで蓄えておくための部屋や穴。電気のない時代、氷は貴重なものであった。「ひょうしつ」とも。

夕凝（ゆうこり）

霜や雪などが、夕暮れ時に凝り固まること。夕方まで解け残った氷のことをいう場合もある。万葉集で詠まれた。

花

はな

爪紅

（つまべに）

ホウセンカの別名。爪を花で赤く染めたことに由来する。また、マニキュアのこと。「つまくれない」ともいう。

花明かり

（はなあかり）

桜の花などが咲き誇り、辺りが明るく見えること。鮮やかな花の色は、闇の中でもほのかに明るく見える。

花霞

（はながすみ）

遠くに見える満開の桜の花が、霞のように見えること。淡く広がる様子は、幻想的な味わいを見せる。

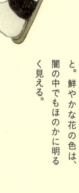

花暦

（はなごよみ）

それぞれの季節に咲く花を並べて、一年を表したカレンダーのこと。土地ごとにその内容も異なり、季節感を楽しめる。

水中花

（すいちゅうか）

造花の一種で、水を入れたガラスの器などの中に沈めて開かせると、花が咲いたように見える。夏の季語。

花筏

（はないかだ）

散った桜の花びらが、水面にいかだのように固まり流れていくさま。散った後の花びらにさえ風趣を見出した語。

忘れ咲き

（わすれざき）

咲くはずの季節以外に花が咲くこと。小春日和の頃などに見られる。「返り咲き」「狂い咲き」などともいう。

百花繚乱

（ひゃっかりょうらん）

数多くのさまざまな花が色とりどりに咲き乱れるさま。転じて、多数のすぐれた人物や業績が一度に現れ出ること。

鳥《とり》

翡翠（ひすい）

カワセミの別名。雄が翡、雌が翠。また、深緑色の宝石のことで、カワセミの羽の色や艶のある髪などにたとえられる。

春告鳥（はるつげどり）

春の訪れを知らせる鳥のことで、ウグイスの別名。ウグイスには、ほかに「花見鳥」「歌詠鳥（うたよみどり）」などの異称がある。

風切り羽（かざきりばね）

鳥の両翼の後部側にある長い羽毛。鳥の羽毛で最も長く、飛ぶときに風を切るように使うことからそう呼ばれる。

明け鳥（あけがらす）

夜明けに鳴くカラスのこと。また、その声。男女の秘戯に水を差す、つれないものを表す言葉としても用いられる。

別れ鳥（わかれがらす）

カラスの子どもが巣立ってもすぐに巣を離れず、しばらく親と過ごすこと。秋に別れるため、秋の季語として使われる。

野禽（やきん）

野生の鳥類の総称。対して、ニワトリやアヒルなど、家畜として家庭で飼われる鳥類の総称を「家禽（かきん）」という。

籠鳥（ろうちょう）

籠の中で飼われている鳥のこと。転じて、自由のない束縛された身の上にいる人や、遊女のたとえとして使われる。

風《かぜ》

朝凪（あさなぎ）

朝早く、風がやんで海が穏やかになること。夕方の場合は「夕凪」という。「凪」は「和ぐ」または「薙ぐ」が語源とされる。

花嵐（はなあらし）

花が咲く頃に吹く嵐や強い風のこと。特に桜の季節にいう。また、その風によって桜の花が散り乱れることを指す。

花信風（かしんふう）

花が咲くのを知らせるとされる、初春から初夏にかけて吹く風のこと。「花信」は「花の便り」を表している。

風光る（かぜひかる）

若葉の頃、風に吹かれて揺れ動く葉が光っているように見えること。また、暖かくなった春の風が、光って見えること。

木枯らし（こがらし）

秋の末から冬の始めにかけて吹く、木の葉を散らすような強くて冷たい風。木を枯らす風という意味。

風炎（ふうえん）

山から吹き降りてくる乾いた熱風のこと。山火事の原因となる。ドイツ語の「フェーン」が由来とされる。

鎌鼬（かまいたち）

外気で肌に鋭利な鎌で切ったような傷ができる現象。古くはイタチの仕業と信じられていた。「鎌風（かまかぜ）」ともいう。

真艫（まとも）

船の船尾正面のこと。「艫」とは船尾を指す。また、船の後方から吹く追風。これを受けると船は真っ直ぐに進む。

月《つき》

月影
(つきかげ)

月の光。または月の光に映し出された人や物の影。「影」には「光」の意味もある。なお、星明かりのことを「星影」という。

朧月
(おぼろづき)

春の夜の、ぼんやりとかすんだ月のこと。秋の夜の澄んだ月に対し、春は水分が多くかすみがかって見えることが多い。

月の霜
(つきのしも)

月光が冴え渡り、地面を白く照らすさまを、霜にたとえていう語。特に秋を表す表現として用いられる。

白道
(はくどう)

天球上で月が描く軌道のこと。同じく太陽が天球上で描く軌道を黄道といい、これより五度九分の傾きをなしている。

佳宵
(かしょう)

月の明るく美しい夜のこと。特に中秋の名月の夜をいう。「佳」は、「すぐれている」「美しい」などの意味を持つ。

繊月
(せんげつ)

三日月のこと。特に細い月を指していう。「繊」には「かぼそい」の意味があり、儚げな印象を表している。

田毎の月
(たごとのつき)

並んでいる小さな田んぼの一つ一つの水面にうつる月のこと。長野県の姨捨山の棚田のものが有名で、万葉集にも詠まれた。

月暈
(げつうん)

月の周りに現れる輪状の光暈。月に薄い雲がかかったとき、雲を形成している細かい氷の結晶に反射・屈折して起こる。

晴

はれ

五月晴れ
（さつきばれ）

梅雨時に見られる晴れ間のこと。夏の訪れを予感させる。また、近年では単に五月の晴天を指すこともある。

霜晴れ
（しもばれ）

霜が降りた日に晴れること。雲のない夜は地表の熱が空へ逃げやすいことから、翌朝は霜が降りやすいとされる。

油照り
（あぶらでり）

薄曇りで風がなく、薄日がじりじりと照りつける蒸し暑い夏の日。じっとしていても汗がにじんでくる天気。

常夏
（とこなつ）

一年中、いつも夏のような気候であること。気候が安定した温暖なリゾート地などの形容として使われる。

日本晴れ
（にほんばれ）

空に雲一つない快晴のこと。転じて、心がすっきりと晴れ渡っているたとえとして用いられる。「にっぽんばれ」とも。

菊日和
（きくびより）

菊の花が咲く、秋の頃の晴天のこと。澄んだ空気の中に花の匂いが濃くただよい、日差しに花弁が鮮やかに映える。

カンカン照り
（かんかんでり）

夏の日に太陽が激しく照りつけるさま。また、そのような天候。「カンカン」は日光が強く照りつける様子を意味する。

台風一過
（たいふういっか）

台風が通り過ぎて、空が晴れ渡ること。転じて、事件や騒動などが収まって、穏やかな日常が戻るたとえとしても使う。

雨

あめ

雨だれ

（あまだれ）

軒先などから切れ切れにしたたり落ちる雨水のこと。また、それに見立てて感嘆符（!）のことを俗にそう呼ぶ。

時雨

（しぐれ）

秋から冬にかけて低い雨雲から降る、降ったりやんだりする雨。「通り雨」の意味で用いられることもある。

翠雨

（すいう）

草木の青葉に降り注ぐ雨のこと。その様子が「翠（みどり）」に美しく輝いて見えたことから名付けられた。

銀竹

（ぎんちく）

大雨。または夕立のこと。激しい雨が銀色の竹のようであることから。また、雨を矢に見立てて「銀箭（ぎんせん）」とも。

狐の嫁入り

（きつねのよめいり）

日が照っているのにぱらぱらと雨が降ること。天気雨。雨を涙に見立てて「天泣（てんきゅう）」ともいう。

遣らずの雨

（やらずのあめ）

客人を帰さないためであるかのように降り出す雨。特に、恋人を帰したくないときに降る雨の形容として用いられる。

卯の花腐し

（うのはなくたし）

陰暦の卯月（四月）に降り続く長雨。美しく咲く卯の花を腐らせるほど降り続くと思われたことが由来。

雲《くも》

八雲（やくも）

幾重にも重なった雲。また、和歌の始まりとされる歌に使われていたことから、和歌そのものを指す。「八重棚雲」とも。

浮き雲（うきぐも）

空に浮かんでただよう雲のこと。その様子から、落ち着きのない不安定なさまを表す言葉としても用いられる。

日照り雲（ひでりぐも）

夏の夕暮れに見られる、西の空で巴型をした赤い雲のこと。天候が安定するしるしとされる。夏の季語。

朧雲（おぼろぐも）

「高層雲」の俗称のことで、薄い灰色の雲が空一面ベールのように広がる。雨の降る前兆ともいわれる。

雲の峰（くものみね）

山並みのように高くそびえたつ夏の雲のこと。「入道雲」や「積乱雲」ともいい、夏の風景の代名詞である。

雲海（うんかい）

上から見下ろしたとき、海のように無数に広がっている雲のこと。また、雲が広がっている海を指すこともある。

狂雲（きょううん）

高層にある雲と低層にある雲の動きが別々の方向であるなど、所の定まらない雲のこと。狂ったように乱れ騒ぐ雲。

叢雲（むらくも）

ひと固まりに群がった雲。「よいことには邪魔が入りやすい」を意味することわざ「月に叢雲花に風」に登場する。

雪《ゆき》

風花
（かざはな）

花びらが舞うように、晴天時にちらつく雪。あるいは、風上の山上の雪が風に吹かれて風下へ舞い飛んでくる雪のこと。

雪化粧
（ゆきげしょう）

降った雪で辺り一面が真っ白になり、街並みや自然がまるで化粧をしたかのように、雰囲気が一変すること。

不香の花
（ふきょうのはな）

雪の異名。「不香」とは香りがないことで、花のように美しいが、匂いはしないところから名付けられたという。

青女
（せいじょ）

古代中国における、霜や雪を降らすとされる女神。転じて、霜や雪の形容。純白の雪は女性にたとえられる場合が多い。

雪花
（せっか）

雪の結晶の形を花にたとえた言葉。「雪華」の字が使われることもある。「雪の花」「六花(りっか)」ともいう。

銀世界
（ぎんせかい）

辺り一面の雪が降り積もり、真っ白になった景色。降り積もった雪は純度の高い銀のように白く美しく輝く。

友待つ雪
（ともまつゆき）

雪が降り積もった後、次の雪が降るのを待っているかのように解けることなく、残っている雪。「弟(おと)待つ雪」ともいう。

白魔
（はくま）

主に、災害に相当する大雪を悪魔に見立てるときなどに用いられる言葉。美しい雪も時として人に災いをもたらす。

星《ほし》

七つ星
（ななつぼし）

北斗七星の別名。おおぐま座を形作る七つの星を指す。春を代表する星座で、数々の神話にも登場する。

明星
（みょうじょう）

日の出前の東の空、あるいは日の入り後の西の空にひときわ輝いて見える金星。それぞれ「明けの明星」「宵の明星」という。

銀湾
（ぎんわん）

秋の澄んだ夜空にともる無数の星。帯状に広がるさまが川にたとえられる。「銀河」「天の川」などの呼び方もある。

星屑
（ほしくず）

夜空に光る無数の小さな星。星が散らばるさまを屑にたとえた。美しさだけでなく、どこか儚さも感じられる。

晨星
（しんせい）

夜明けの空に残っている星のこと。少しずつその数が減っていくことから、まばらな様子を表す言葉としても使われる。

箒星
（ほうきぼし）

彗星のこと。長い尾を引く姿が箒のように見えることからそう呼ばれる。彗星は突然注目された存在の比喩としても使う。

星月夜
（ほしづきよ）

月が出ていなくても、星の光が月のように明るい晴れた夜のこと。ゴッホの代表作のタイトルとしても知られる。

春《はる》

凍て解け
（いてどけ）

冬の間に凍っていた大地が、春の陽気で解けること。氷はぬかるみに変わり、大地が少しずつ顔を覗かせ始める。

花冷え
（はなびえ）

桜の花が咲く頃、一時的に寒くなること。また、その寒さ。「花冷えの候」として、時候の挨拶にも用いられる。

春霞
（はるがすみ）

春に立ち込める霞。春は、遠くの景色が霞がかって見えることが多い。なお、夜は「霞」ではなく「朧（おぼろ）」という。

春疾風
（はるはやて）

春先に激しく吹き荒れる風のこと。「疾風」とは「速く吹く風」を意味する。「春嵐（はるあらし）」ともいう。

木の芽時
（このめどき）

早春のこと。樹木に新芽が萌え出る時期であることから。山や森に芽吹く緑は、春の訪れを知らせるサインといえる。

春塵
（しゅんじん）

春先に吹く風に舞い上がる砂や埃。冬が終わり、雪や霜が溶けることで大地が乾燥し、砂や埃が舞いやすくなる。

梅見月
（うめみづき）

梅の花が咲き、見ごろになる陰暦二月の別称。江戸時代、大衆に人気の桜に対し、梅は通が愛でる花として人気を集めた。

春風駘蕩
（しゅんぷうたいとう）

おだやかな春風がそよそよと吹く、のんびりとした様子。また、物事に動じない、温和でゆったりとした人柄のこと。

夏《なつ》

片陰
（かたかげ）

夏の昼下がり、塀などの片側にできる日陰のこと。なお、青葉の茂った木立の陰のことを「緑陰（りょくいん）」という。

打ち水
（うちみず）

暑さを和らげ、埃を沈めるために、庭や路地、玄関先などに水をまくこと。また、その水。夏の季語としても使われる。

空蝉
（うつせみ）

蝉の抜け殻のこと。夏になると至るところで見られる。また、この世に生きている人。転じて、この世のことを表す。

草いきれ
（くさいきれ）

暑い日、一面の草が日差しに照らされて、むっと熱気を出すこと。「いきれ」は熱気のことで、「人いきれ」などでも使う。

熱帯夜
（ねったいや）

最低気温が二十五度以上の暑苦しい夜。なお、最高気温が二十五度以上の日を夏日、三十度以上の日を真夏日という。

夏掛け
（なつがけ）

夏の夜、就寝時に身体にかける、薄いかけ布団や毛布、タオルケットなどのこと。「夏布団」ともいう。

逃げ水
（にげみず）

夏に見られる、陸上の蜃気楼の一種。草原やアスファルトなどで遠くに水があるように見え、近づくと遠のいて見える。

夏枯れ
（なつがれ）

夏の暑さのために植物が枯れること。また、夏、特に八月頃、商品が売れなくなり、景気が悪くなることをいう。

秋《あき》

簾名残
（すだれなごり）

夏にかけた日よけのための簾が、秋になっても吊るしてあるままの様子。暑さが去り、どこか寂しげな秋の情景を表す語。

寒蝉
（かんせん）

秋に鳴く蝉のことで、主にヒグラシやツクツクボウシを指す。夏の終わりを告げる郷愁的な響きで、秋の季語でもある。

桐一葉
（きりひとは）

桐の葉が落ちるのを見て、秋の訪れを知ること。桐はほかの木より早く葉を散らすといわれ、季節の変わり目を知らせる。

秋麗
（あきうらら）

のどかに晴れ渡った秋の日。秋の気候は不安定な分、澄んだ青空がより気持ちよいものであると感じさせる語。

秋の声
（あきのこえ）

秋になると川のせせらぎや鳥の鳴き声など、自然の音がどこか物寂しく聞こえるさまを表す語。「秋声（しゅうせい）」とも。

寒露
（かんろ）

晩秋から初冬にかけて、草花につく冷たい露。本格的な寒さに入る時期であり、季節の移ろいを感じさせる語。

そぞろ寒
（そぞろさむ）

なんとなく寒く感じること。冬の訪れを予感させる、晩秋の身にしみる寒さをいう。「そぞろ」は「なんとなく」の意味。

冬隣
（ふゆどなり）

景色の変化や雰囲気などから、冬がすぐ傍に迫っていることを感じさせる言葉。秋の終わりと冬の訪れを表す。

冬《ふゆ》

小春日和（こはるびより）

初冬の、春のように穏やかで暖かい日和。誤解されることが多いが、「小春風」など「小春」のつく言葉は冬の季語。

寒九（かんく）

寒に入って九日目のこと。この頃に降る雨は恵の雨であり、「寒九の雨」と呼ばれて豊作のしるしとされた。

寒凪（かんなぎ）

寒さの厳しい冬の、さえた青空の広がる風も波も穏やかな日和。「凪」は海面が静まった様子を表す語。

冬ざれ（ふゆざれ）

草木が枯れはてて寂しい冬の野原の様子。また、荒涼とした冬の季節を指す。冬の季語としても親しまれる。

日脚伸ぶ（ひあしのぶ）

冬の終わり頃に、少しずつ日が長くなるさま。晩冬の季語であり、寒さも和らぎ春の足音が聞こえる様子がうかがえる。

三寒四温（さんかんしおん）

寒い日が三日ほど続くと、次は四日間ほど暖かい日が続く冬の気候を表した語。最近では春先にもこの気候が見られる。

Column

日本で生まれたカタカナ語

本書では、日本語の中で自然に使える語句を選んでいます。そのため、選定した語句の中に横文字が一切登場していないことにお気づきでしょうか。とはいえ、英語やカタカナを使用しているからといって、純粋な日本語ではないと考えてしまうのは、いささか早計です。中には、日本で生まれたカタカナ語、いわゆる和製英語というものも存在しているからです。

たとえば「アルバイト」。これはもともとドイツ語で「仕事」を意味する〝arbeit〟から来ているため、英語では〝part-time job〟と表すのが正しいのです。さらにそれを略したのが、日本でいう「パート」となります。それぞれ私たちの持つニュアンスと微妙に違うことが分かるはずです。

さらに、本好きのみなさんなら一度は使ったことがあるであろう「ブックカバー」。これも、〝book〟と〝cover〟を掛け合わせた和製英語で、英語では〝a book jacket〟です。

他にも「コンセント」「ポスト」「ホットケーキ」など、身近なところにたくさんの和製英語が潜んでいます。

この混沌としたところが、日本語の面白さ、味わい深さを引き立てているのかもしれません。普段、何気なく使っている言葉でも、時にはふと立ち止まって、そのルーツを考えてみてはいかがでしょうか。

感情

行動

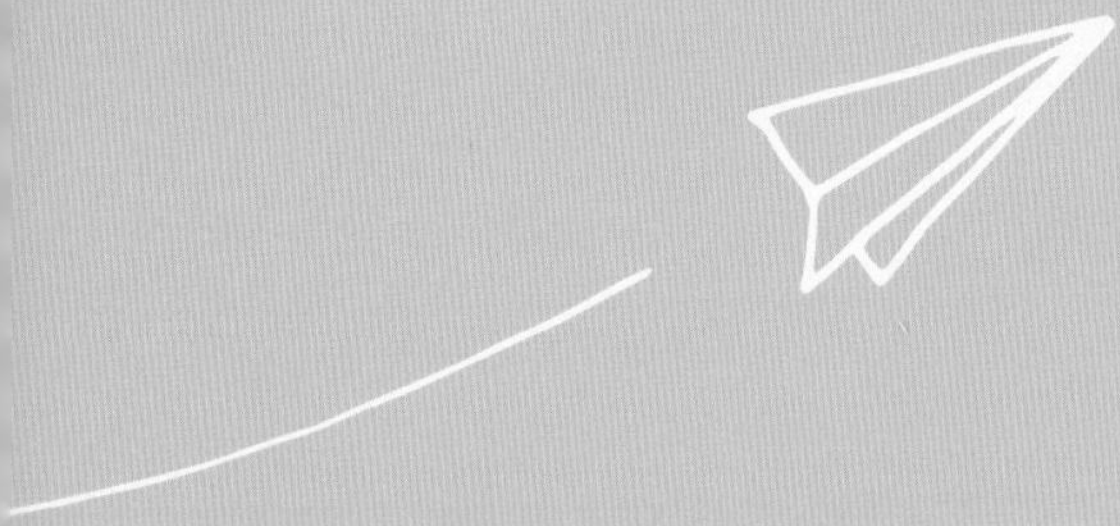

喜

よろこぶ

浮き立つ
（うきたつ）

心が楽しく、うきうきした気持ちになること。なお、誤用されがちな「浮き足立つ」は恐怖などで落ち着きをなくすこと。

華やぐ
（はなやぐ）

明るく華やかになるさま。「花やぐ」とも表記し、花のように煌びやかで美しい様子をイメージさせる語。

有頂天
（うちょうてん）

喜びで舞い上がるほど、得意の絶頂である状態。「有頂天」は仏教で神が住む天界の中でも最上に位置する天を意味する。

目の正月
（めのしょうがつ）

美しいものや珍しいものなどを見て、楽しい気持ちになることを、正月の楽しさにたとえた言葉。目の保養とも。

溜飲を下げる
（りゅういんをさげる）

不満などが解消され、胸のつかえが取れてすっきりとすること。「溜飲」は胸やけなどを意味する。「溜飲が下がる」とも。

熱に浮かされる
（ねつにうかされる）

病気などで高熱を出したためにうわごとをいうことだが、物事に夢中になってのぼせあがることも表す言葉。

悲

かなしむ

時雨心地（しぐれごこち）

時雨の降りそうな空模様のことで、涙の出そうな悲しい心模様をたとえていう語。時雨はしばしば涙の形容に使われる。

荒涼（こうりょう）

景色などが荒れ果てて物寂しい様子。「涼」は冷え冷えとして寂しいさまを表す。「荒寥」とも表記する。

秋風落莫（しゅうふうらくばく）

秋風が吹く季節になると、自然の風景も物寂しく様変わりしていくことから、物事が衰えていく様子を表す言葉。

埋もれ木（うもれぎ）

土の中に埋もれて炭のように硬くなった木のことで、顧みられない不運な境遇のことをたとえた表現。

愁眉（しゅうび）

心配そうにしかめた眉のこと。「愁」は「うれ（い）」とも読み、「哀愁」や「郷愁」など物悲しさを表す語に多く使われる。

憂国（ゆうこく）

国家の現状や将来などを憂うこと。三島由紀夫の小説のタイトルとしても知られ、彼の忌日は「憂国忌」と名付けられた。

驚

おどろく

魂消る

（たまげる）

非常に驚くこと。肝をつぶすこと。「魂が消えるほどの思いをする」という意味から使われるようになったといわれる。

青天の霹靂

（せいてんのへきれき）

思いがけず起きた出来事。「霹靂」は雷が落ちることで、晴れた日に突然、雷が鳴るさまにたとえた表現。

驚天動地

（きょうてんどうち）

世の中をたいへんに驚かせること。天を驚かし、地を動かすほど大それている様子にたとえられた語。

周章狼狽

（しゅうしょうろうばい）

あわてふためくこと。取り乱すこと。「周章」と「狼狽」はいずれもあわてたり騒いだりする様子を表す。

頓狂声

（とんきょうごえ）

「頓狂」は「出し抜けに調子はずれなことをするさま」を表し、驚きなどのあまり、突然間の抜けた声を出すことをいう。

瞠若

（どうじゃく）

驚いて目を大きく見開くこと。周囲の人間を驚かせるさまを表す際に、「瞠若たらしめる」などとして用いられる。

怒
いかる

怒髪
（どはつ）

激しい怒りのために逆立つ髪の毛のこと。髪の毛が天を突き刺すほどの怒りを表して、「怒髪天を衝く」ともいう。

息巻く
（いきまく）

激しく怒り、強くまくし立てるさま。「息巻く」は呼吸を荒立てることを指し、ひどく憤慨している様子を表す語。

爪弾き
（つまはじき）

指先で弾くように、嫌いな人をのけ者や仲間はずれにすること。また、忌み嫌われている人のことをいう。

柳眉を逆立てる
（りゅうびをさかだてる）

美しい女性が眉をつり上げて怒る様子をいう。「柳眉」とは柳の葉のような、形のよい美人の眉を意味する。

逆鱗に触れる
（げきりんにふれる）

偉い人をひどく怒らせること。竜の顎の下にある逆さの鱗を触ると、竜が大層怒ったという逸話が由来。

冠を曲げる
（かんむりをまげる）

機嫌を悪くすること。かつて貴族が天皇に反抗心を示す際、わざと冠をずらして被ったといわれることから。

切歯扼腕
（せっしやくわん）

激しく怒ったり、くやしがったりすることで、歯ぎしりをし、力強く腕をにぎりしめる様子に由来する。

迷

まよう

とつおいつ

あれこれと迷う様子。「取ったり置いたり」の変化形で、物を手に取っては置くことを繰り返すさまにたとえた表現。

秋の空

（あきのそら）

秋の天気は変わりやすいことから、移ろいやすい人の心のことをたとえていう語。特に、異性の心に対していう。

亡羊の嘆

（ぼうようのたん）

学問の道は広く、なかなか真理をつかめないことのたとえ。また、さまざまな考えをめぐらして迷うこと。

迷夢

（めいむ）

夢のようにとりとめのない考えのことで、心の迷いを表す言葉。考えがまとまらない場合などに用いる。

遅疑逡巡

（ちぎしゅんじゅん）

いつまでも決断できず、躊躇すること。「遅疑」と「逡巡」はいずれも尻込みしたり、ぐずぐずしたりするさまを表す。

秤に掛ける

（はかりにかける）

物事を比べて、どちらが得かを考えること。秤は重さをはかる器械のことで、人生ではあらゆる場面で心の秤が登場する。

考《かんがえる》

思召し
（おぼしめし）

相手の考えや意向などを敬っていう語。「神の思し召し」などの言い回しとして使う。また、異性を恋い慕う気持ち。

斟酌
（しんしゃく）

元々は酒などを酌み交わすことで、相手の思いや事情を汲み取ったり、遠慮や手加減したりすることをいう。

神機妙算
（しんきみょうさん）

計り知れないほど素晴らしい計略のこと。普通の人では思いつかないことから、神が行うさまにたとえた表現。

沈思黙考
（ちんしもっこう）

黙ったまま、深く考え込むこと。「沈思」はさまざま思案すること。「黙考」は黙って考えることを意味する。

千思万考
（せんしばんこう）

思いをめぐらせて、あれこれと考え尽くすこと。千回や万回といえるほど、何度も思ったり考えたりするさまを表す語。

脳漿を絞る
（のうしょうをしぼる）

持ちうる限りの知恵を働かせること。まるで脳味噌を絞るかのように、必死に知恵を絞り出そうとする様子をいう。

悩

なやむ

思い種

（おもいぐさ）

心配の種のこと。「種」は植物の種子のことだが、「悩みの種」など、「物事の原因」の意味としても使われる。

懊悩

（おうのう）

悩み、悶え、苦悩すること。「懊」は深く思い悩むことを意味し、悩みを表す言葉の中に数多く使われている。

梃子摺る

（てこずる）

どうしていいか分からずに持て余すこと。重い物を動かそうと試みても、梃子がずれてどうにもならない様子に由来する。

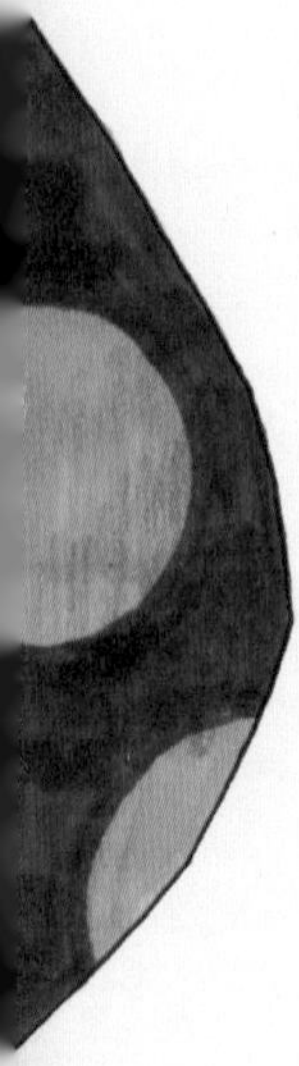

思案に暮れる

（しあんにくれる）

よい考えが浮かばず、思いつめるように考え込んでいる様子。なかなか考えが定まらない場合に使う言葉。

思案投げ首

（しあんなげくび）

考えあぐね、しきりに首を傾けること。問題にぶつかったとき、よい解決案が浮かばずに困っているさま。

立ち往生

（たちおうじょう）

立ったまま死んで動けなくなることで、物事が途中で止まったまま、後にも先にも身動きが取れなくなる様子を表す。

十字架を背負う

（じゅうじかをせおう）

罪の意識や逃れられない苦しみに悩み続けること。十字架はかつて罪人が磔にされる道具として使われた。

閃

ひらめく

一閃（いっせん）

ほんの瞬く間に、ぴかっと強く光ること。思いやアイデアなどが脳裏に一瞬で思い浮かぶ意味としても使われる。

天啓（てんけい）

神の教えや導きのこと。さまざまな宗教は、天啓を得て人々の救済のために立ち上がったことがその始まりとされる。

氷解（ひょうかい）

疑問や疑念などの気持ちがすっかりなくなること。氷が解けて後に何も残らないさまにたとえた表現。

曙光（しょこう）

夜明けに差す光のことで、暗闇の中に見え始めたわずかな光や、絶望の中に見え始めた希望の兆しを表した言葉。

暗黙知（あんもくち）

個人の主観による、言葉にできない知識。経験や直感によるものとされる。一方で言葉にできる知識を「形式知」という。

頓知頓才（とんちとんさい）

その場で臨機応変に機転を利かせること。「頓」には「突然」の意味があり、一瞬にして浮かぶ知恵を表す。

虫の知らせ（むしのしらせ）

悪いことが起こりそうな予感。「腹の虫」などの言葉があるように、虫は古くから人間の意識に影響を及ぼすとされる。

読

よむ

渉猟

（しょうりょう）

多くの書物や文書を読みあさること。「渉」は「広く見聞する」「調査、研究する」などの意味を持つ。

繙く

（ひもとく）

書物を開いて読むこと。また、調べて真実を明らかにする意味でも使われる。「紐解く」とも表記する。

緑陰読書

（りょくいんどくしょ）

「緑陰」とは青葉の茂った涼しい木陰のことを指し、暑さを避けられる場所で本を読むことを表した語。

眼光紙背に徹す

（がんこうしはいにてっす）

書物などの内容を真意まで深く読み取ることを、鋭いまなざしで紙の裏側まで見通すさまにたとえていう語。

愛誦

（あいしょう）

好きな文章などを口ずさむこと。「愛唱」はもっぱら歌に対して使われるが、「愛誦」は詩文などを声に出すことをいう。

白読

（はくどく）

意味を解釈しないまま、書物の文字だけを読むこと。素読ともいう。「白」は色のイメージ同様、何もないさまを表す。

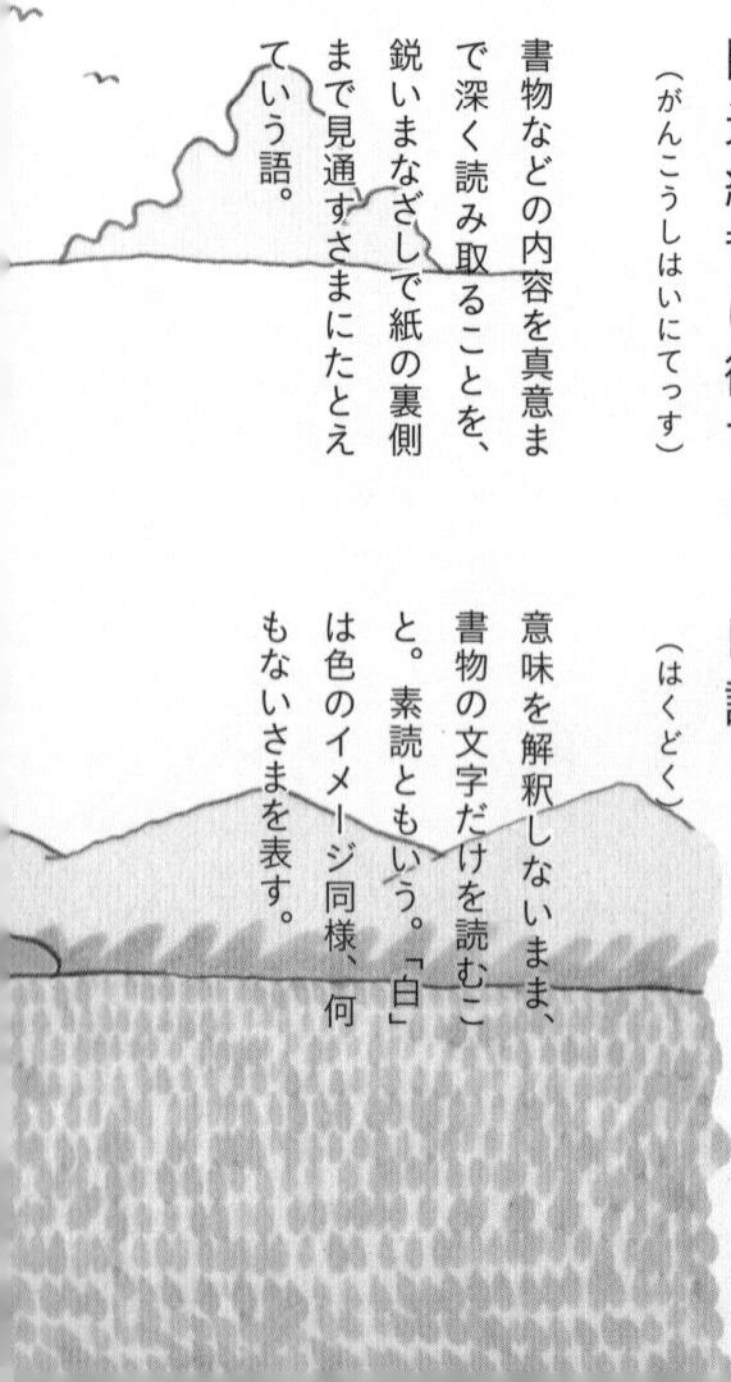

飛《とぶ》

天翔る（あまかける）

空高く飛ぶこと。神や霊魂など、目に見えない存在が大空を壮大に飛び回る様子を指していうことが多い。

宇宙遊泳（うちゅうゆうえい）

船外活動ともいい、宇宙船飛行士が宇宙船を飛び出して宇宙空間を歩き回ること。泳いでいるように見えることから。

雄飛（ゆうひ）

雄鳥が大空に飛び上がるように、新しい土地に行って盛んに活動すること。「雄」には「勇ましい」という意味もある。

翔破（しょうは）

鳥や飛行機などが、目的地まで飛び終えること。「破」は、やり遂げるという意味を持ち「読破」「走破」などでも使われる。

空中滑走（くうちゅうかっそう）

航空機がエンジンの力を使わず、風の力で飛ぶこと。同様に、鳥が羽を広げたまま、羽ばたかずに飛ぶこと。

鹿島立ち（かしまだち）

長い旅への出発や門出のこと。茨城県の「鹿島神宮」は始まりの地として、起業などのパワースポットとされる。

舞

まう

きりきり舞い

（きりきりまい）

目が回りそうなほど忙しく動きまわっていること。「きりきり」は激しく回転するさま。「てんてこ舞い」とも。

空騒ぎ

（からさわぎ）

むやみやたらと騒ぎ立てること。「空」は中身の伴わないことを表し、「空元気」「空威張り」などの言葉にも使われる。

乱舞

（らんぶ）

入り乱れて激しく踊ること。興奮して羽目を外して喜ぶことを表現する語に「狂喜（きょうき）乱舞」がある。

錐揉み

（きりもみ）

穴を開けるために錐を激しく回すことで、飛行機が失速し、機体が小さく螺旋を描きながら落ちる表現としても使う。

欣喜雀躍
（きんきじゃくやく）

小躍りして大喜びをすること。「欣喜」は喜びを意味し、「雀躍」は雀がぴょんぴょんと飛び跳ねるさまを表す。

花吹雪
（はなふぶき）

花びらが乱れ散る様子を吹雪にたとえた語で、特に桜の花に対していう。春の終わりを連想させる表現として使われる。

沈《しずむ》

沈潜

（ちんせん）

水底に沈んで隠れること。また、心を落ち着かせて考えに深く沈み込むこと。じっくりと考察するさまを表す。

斜陽

（しゃよう）

夕日のことで、日が山の向こうに沈んでいくように、貴族などの上流階級の人が落ちぶれることを表す語。

零落

（れいらく）

土地や建物が荒れ果てたり、芸術や文化が廃れたり、落ちぶれる様子を表す。また、草花が散ることに対してもいう。

暗澹

（あんたん）

空などが薄暗く不気味な様子のことで、将来の見通しがつかない不安な心情を表す言葉として用いられる。

思い撓む

（おもいたわむ）

しっかりと張り詰めていた気持などが、しおれてしまうこと。「撓む」には「たゆむ」「くじける」などの意味がある。

地に塗れる

（ちにまみれる）

二度と立ち上がることのできないほど、大失敗や敗北をすること。「一敗（いっぱい）地に塗れる」ともいう。

笑《わらう》

笑い草
（わらいぐさ）

馬鹿にされ、笑いを誘う対象となるものをいう。物笑いの種のことで、「笑い種」と表記することもある。

花笑み
（はなえみ）

花が咲くことを指す言葉で、華やかで愛らしい笑顔を咲いた花にたとえた表現。「花咲み」と表記することもある。

笑窪
（えくぼ）

笑うとき、頬にできる小さなくぼみ。若さや可愛らしさの象徴とされるが、その感覚は日本特有といわれている。

嬌笑
（きょうしょう）

なまめかしい女性の笑いのこと。「嬌」は艶やかさや色っぽさを表す漢字で、女性の仕草を指す言葉に多く用いられる。

破顔
（はがん）

顔の造形を崩すように、表情をほころばせてにっこりと笑うこと。「破顔一笑（はがんいっしょう）」という表現もある。

呵呵大笑
（かかたいしょう）

大声で笑うこと。「呵呵」はからからと大声を上げて笑うという意味で、非常に豪快に笑う様子が伺える。

笑壺に入る
（えつぼにはいる）

思い通りに事が運んだとき、うまくいったという顔つきをして笑うこと。一度壺に入ると、なかなか抜け出すのは難しい。

北叟笑む
（ほくそえむ）

計画がうまくいって、満足げにそっと笑うこと。「北叟」とは中国の「塞翁」のことで、その笑い方が由来とされる。

憩《いこう》

小休止
（しょうきゅうし）

少しだけ休むこと。反対に長い休憩のことを大休止（だいきゅうし）といい、軍隊の用語としても使われた。

一服
（いっぷく）

茶や薬の一回に飲む分量のことで、茶を飲んで休憩したり、煙草を吸ってひと休みしたりする表現として使われる。

骨休め
（ほねやすめ）

休息や休憩のこと。疲れをとるために、身体の芯、つまりは骨までをじっくり休ませるさまを表した言葉。

団欒
（だんらん）

家族や友人など親しい者たちが集まって、和やかな時を過ごすこと。車座に丸く集っているさまを表した語。

着流し
（きながし）

男性の和装の略装で、羽織や袴をつけないくだけた着方のこと。礼儀を必要としない、くつろいだ場面で行う。

中入り
（なかいり）

相撲や興行などにおいて、途中に挟む休憩時間。能や狂言では、主人公が一旦舞台から退場する場面を指す。

命の洗濯
（いのちのせんたく）

心の汚れを洗い流すように、日頃溜まった苦労を忘れるため、のびのびと気晴らしをすることをいう。

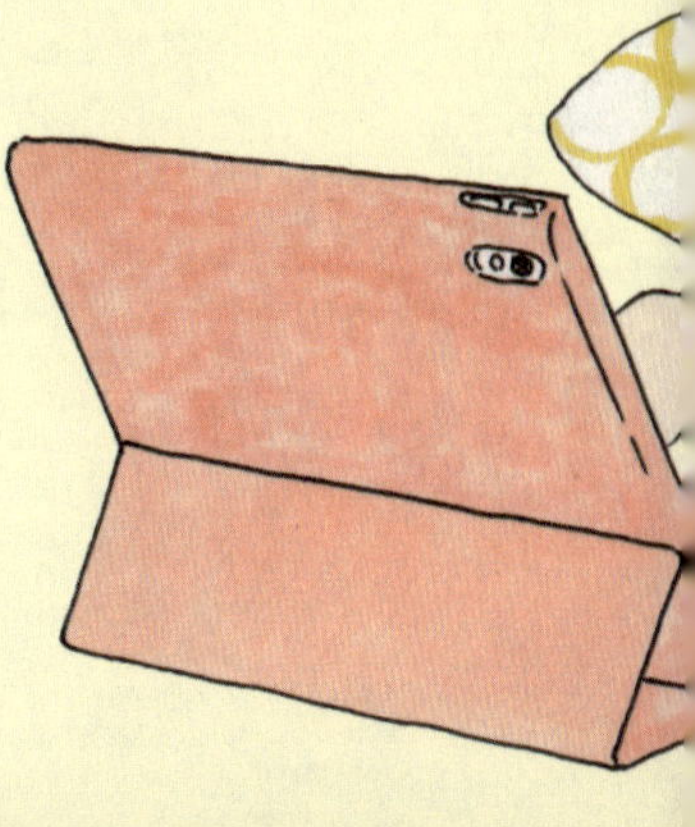

遊

あそぶ

風の子

（かぜのこ）

冬の屋外でも、子どもが風の冷たさなど気にすることなく平気で遊ぶ様子を、風の子どもにたとえた言葉。

火遊び

（ひぁそび）

マッチやライターなどを使い、火をもてあそぶこと。また、男女のその場限りの刹那的で危険な交際。

物見遊山

（ものみゆさん）

気晴らしのために見物や遊びに出かけること。娯楽や観光など、息抜きとして出かけるさまに対していう。

清遊

（せいゆう）

世俗を離れて風流な遊びをすること。また、その遊び。他人の旅行や遊びを尊敬していう言葉としても使われる。

放蕩

（ほうとう）

酒や女遊びにおぼれ、身持ちを悪くすること。「蕩」には「ただよう」のほかに「だらしがない」などの意味がある。

月夜烏

（つきよがらす）

月の明るい夜に浮かれて鳴き出すカラスのことで、浮かれて夜遊びに出かける人のたとえとして使う。

食

たべる

舌鼓を打つ
（したつづみをうつ）

美味しいものを食べたときに、そのあまりの格別さに舌を鳴らすこと。料理の美味しさの表現として用いられる。

夕餉
（ゆうげ）

夕方に摂る食事。夕食のこと。「晩餉（ばんしょう）」とも。同様に、朝食を「朝餉」、昼食を「昼餉」、とも表すことができる。

鯨飲馬食
（げいいんばしょく）

鯨が水を飲むように、一時にたくさんの酒を飲み、馬のように一時にたくさんの食物を食べること。

芳醇
（ほうじゅん）

香りが高く味のよいさま。特に、酒を賞する際に使うことが多く、商品名に「芳醇」を含んだ銘柄も数多く存在する。

糊口をしのぐ
（ここうをしのぐ）

なんとか毎日の食事にありつけるような、貧しい生活を送ること。「糊」は「餬」とも書き、お粥をすることを指す。

腹拵え
（はらごしらえ）

食事をして腹を満たすことをいう。特に、作業や外出などの予定の前に、準備として腹を満たしておく場合に用いる。

逃

にげる

雲を霞と

（くもをかすみと）

一目散に走って姿を隠してしまうさま。雲や霞は遠目には見えても近づくと形を捉えることはできない。

風を食らう

（かぜをくらう）

自らの悪事の発覚に感づいたときなどに、まるで口いっぱいに風を食べるかのように、あわてて逃げ出すさま。

逐電

（ちくでん）

稲妻を追いかけるかのように、すばやく行動することを指し、特に逃げ出して行方をくらますことをいう。

雲隠れ

（くもがくれ）

月が雲に隠れるように、どこかに逃げ隠れること。また、身分の高い人が死んだ場合に使われることもある。

駆け落ち（かけおち）

愛し合っていながら、親などから結婚を許されない事情のある男女が、夫婦になるためによその土地へ共に逃げること。

神隠し（かみかくし）

人間がある日、忽然と消えうせる現象。人は時として目に見えないもの、理解できないものを神の仕業と考える。

浮

うかぶ

浮遊
（ふゆう）

水中や水上、空中などをふわふわと浮かび、ただようこと。目的のない旅のことを指していう場合もある。

揺蕩う
（たゆたう）

ゆらゆらと揺れ動いている様子。気持ちが一つに定まらず、物事を決めかねているさまに対してもいう。

翩翻
（へんぽん）

旗などがひらひらと風に揺れ、ひるがえる様子。「翩」と「翻」はいずれもはひるがえるさまを表す語。

酔生夢死
（すいせいむし）

何もせずにぼんやりと、無駄に一生を過すこと。酒に酔った状態のように、まるで夢のまま死んでいくさま。

棚引く
（たなびく）

雲や煙、霧や霞などが棚のように水平に長くただようこと。万葉集の頃から使われていたとされる表現。

宙ぶらりん
（ちゅうぶらりん）

空中にぶら下がっているさま。転じて、どちらともつかない中途半端な状態を表す言葉としても用いられる。

夢心地
（ゆめごこち）

うっとりとした気持ちや、ぼんやりとした気持ちのこと。夢を見ているような心地にたとえていう語。

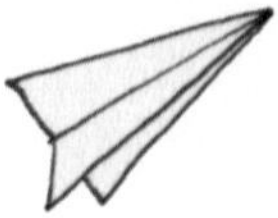

想

おもう

懸想（けそう）

強く想い引かれること。恋い慕うこと。「『想』いを『懸』ける」ことを意味する。「懸想文」とはラブレターのこと。

陶酔（とうすい）

心を奪われてうっとりとした気持ちに浸ること。似たものに「心酔」があるが、これはより対象に注目した表現。

初一念（しょいちねん）

思い立った最初の決心。初めに固く決めた覚悟のことで、「初一念をつらぬく」といった使い方をする。

鶴首（かくしゅ）

今か今かと待ち望んでいること。鶴のように首を長くして、よい知らせや人を待ち焦がれている様子をたとえていう。

食指が動く（しょくしがうごく）

深い興味や関心を抱き、自分のものにしたい気持ちが湧き上がること。「食指」は人差し指のことをいう。

揣摩臆測（しまおくそく）

根拠もなく勝手に推測してあれこれと想像すること。「揣摩」は「相手の心中などを推測する」という意味。

恋

こい

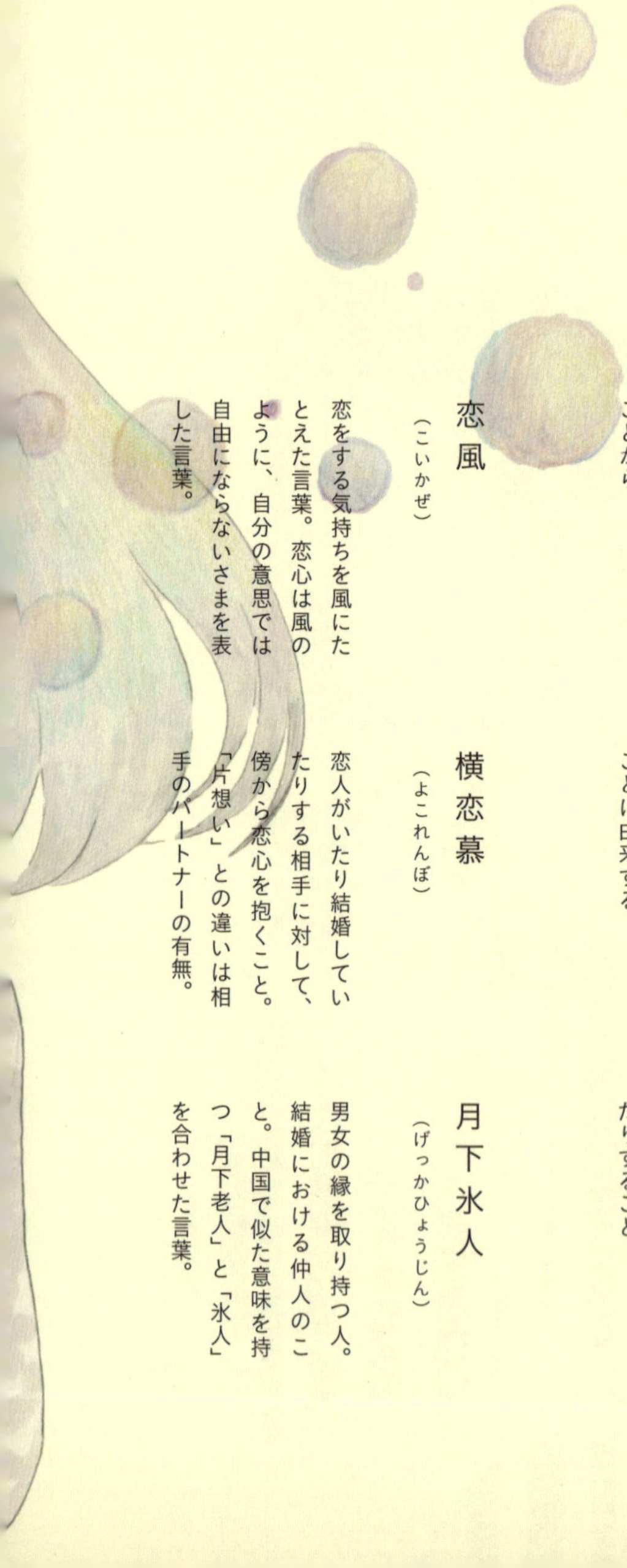

心化粧

（こころげそう）

相手によく思われるために、改まって心の準備をすること。心に化粧をほどこすような様子であることから。

恋風

（こいかぜ）

恋をする気持ちを風にたとえた言葉。恋心は風のように、自分の意思では自由にならないさまを表した言葉。

首っ丈

（くびったけ）

夢中になるほど、異性に心をひかれ、すっかりと惚れ込んでしまうこと。「首までどっぷり浸かる」ことに由来する。

横恋慕

（よこれんぼ）

恋人がいたり結婚していたりする相手に対して、傍から恋心を抱くこと。「片想い」との違いは相手のパートナーの有無。

身を焦がす

（みをこがす）

まさに身を焼かれるかのように、恋に激しく夢中になって、抑えられない気持ちに悩んだり苦しんだりすること。

月下氷人

（げっかひょうじん）

男女の縁を取り持つ人。結婚における仲人のこと。中国で似た意味を持つ「月下老人」と「氷人」を合わせた言葉。

秋の鹿は笛に寄る

（あきのしかはふえによる）

恋に惑わされて危険な目に合ったり、身を滅ぼしたりすること。発情期の鹿が笛の音を牝鹿の声と勘違いして寄ってくることから。

水に燃えたつ蛍

（みずにもえたつほたる）

水の上を燃えるような光を放って飛び回る蛍にたとえて、会うことのできない相手を想い、狂おしく恋い焦がれることをいう。

涙

なみだ

紅涙（こうるい）

まるで血の涙を流すほどに、激しい悲しみに暮れた涙のことをいい、特に女性の涙のことをたとえていう語。

霧る（きる）

辺り一面に霧が立ち込めてきたかのように、涙で目がかすんだり曇ったりすること。「目霧（めき）る」ともいう。

時雨る（しぐる）

涙を落とすこと。時雨は秋から冬にかけて降ったりやんだりする雨で、泣くことをその様子にたとえた表現。

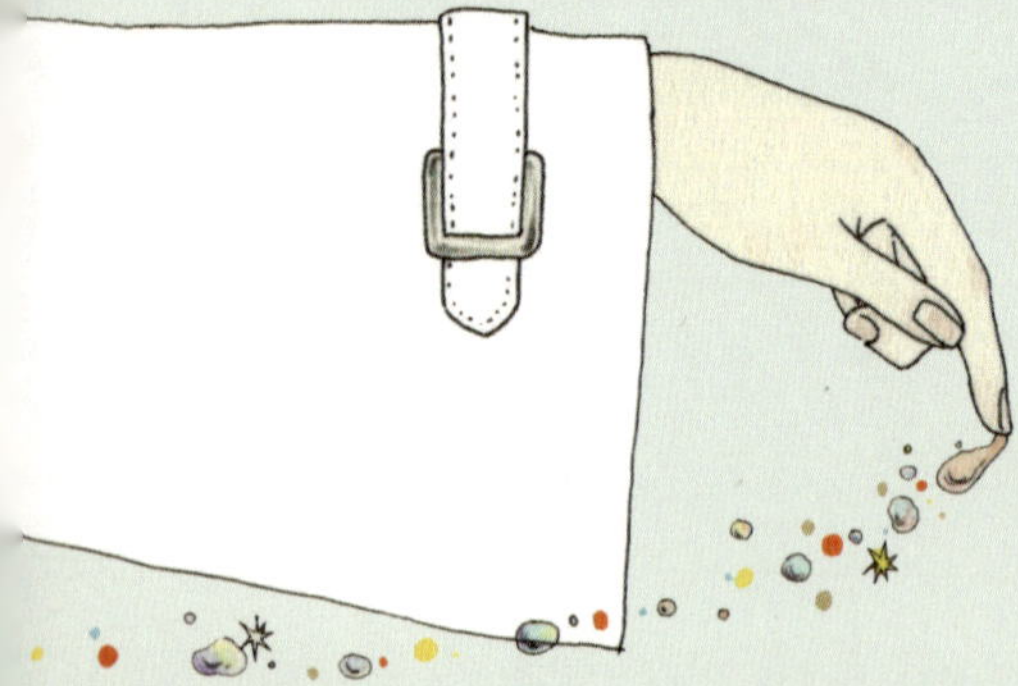

空知らぬ雨（そらしらぬあめ）

空から雨が降ってきたわけでもないのに頬が濡れている様子を表した、涙のことをたとえていう語。

袖の雫（そでのしずく）

衣服の袖に雫がかかることで、涙で袖が濡れる様子をいう。「袖の時雨」「袖行く水」などの表現もある。

慟哭（どうこく）

たいへん悲しみ、大声を出して泣くこと。「慟」と「哭」はいずれも大声で泣くという意味を持つ。

滂沱（ぼうだ）

涙や汗が、次から次へととめどなく溢れ出るさま。また、雨が降りしきる様子を表す言葉としても用いられる。

誓

ちかう

不文律

（ふぶんりつ）

はっきりと言葉にされていないが、両者や集団において、心の中で守られている決まりごと。暗黙の了解。

許婚

（いいなずけ）

幼い頃に親などが本人たちの意志にかかわらず婚約を結んでおくこと。広く婚約者のことを指す場合もある。

鴛鴦の契り

（えんおうのちぎり）

鴛鴦とはオシドリのことで、常に雌雄が共に行動することから、夫婦の仲がむつまじいことをたとえていう語。

血盟

（けつめい）

固く誓い合うこと。血判を押したり互いの血をすり合ったりするほど、固い約束のことを表した語。

指切り

（ゆびきり）

約束を守ることを誓うために行う風習。「指切拳万（ゆびきりげんまん）」の略語で、お互いの曲げた小指を絡め合う。

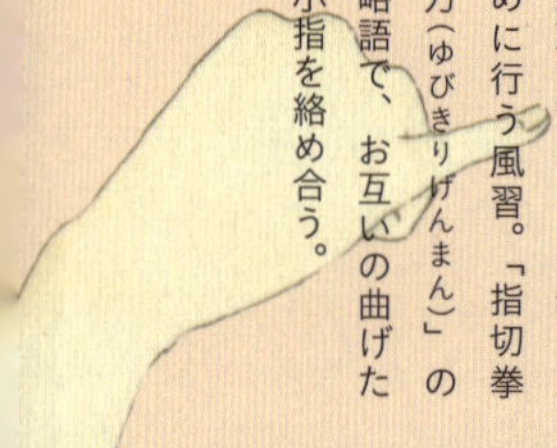

心誓文

（こころぜいもん）

心の中で誓った言葉。誓文は多くが恋仲の男女が心変わりをしないことを誓って交わす文で、神に誓うという意味を持つ。

心中立て

（しんじゅうだて）

他人への義理や、男女の愛情を守り通すこと。その証拠として、かつて遊郭の世界では自らの髪や指を切り落としていた。

Column

複雑怪奇な日本語の世界

日本語には、同じ意味を表す言葉が複数存在しているケースが多いです。また、似たような意味の言葉でも、状況に応じて細やかなニュアンスを使い分けていることがあります。

たとえば今、みなさんは本を「読んでいる」。それは間違いではありません。しかし、ただ「目を通している」だけだったり、「ページをめくっている」だけだったりするかもしれません。

あるいは、じっくりと「繙いている」と表すのがふさわしい場合もあります。辞書を「引く」といういい方もありますね

さらに日本語には敬語というものが存在します。相手を敬うために用いられる言葉で、日本での生活には欠かせない気遣いの一つです。敬語の中にも尊敬語や謙譲語といった種類があって、「読む」が「お読みになる」「ご覧になる」「拝読する」といった形で変化していきます。日本語が、世界的にも習得するのが難しい言語だといわれるのがうなずけますね。

ただ、この複雑で曖昧なのが日本語のよさでもあります。選ぶ言葉によって、自分の考えや感情を、限りなくそのままの状態で相手に伝えることができるからです。迷ってしまうほどたくさんの言葉に囲まれた文化は、案外幸せかもしれません。

色

赤《あか》

真紅
（しんく）

深みのある濃い赤色。真っ赤。高価だった紅花のみで染めたものを指し、「正真正銘の赤」とされている。

紅蓮
（ぐれん）

猛火の炎ような濃い赤色。赤い蓮の花の色とされるが、仏教における紅蓮地獄を彷彿とさせる、おぞましい印象がある。

茜
（あかね）

黄みと黒みを帯びた暗い赤色のこと。アカネの根を染料とし、夕焼けの空のたとえとして用いられることが多い。

朱鷺色
（ときいろ）

黄みがかった淡い桃色のこと。トキの風切羽の色とされ、トキがありふれた鳥だった時代には馴染み深い色だった。

猩猩緋
（しょうじょうひ）

鮮やかな黄みの赤色。「猩猩」という中国の伝説の生き物の血の色という説が有力で、戦国武将に好まれた色。

深緋
（こきひ）

紫がかった濃い緋色のこと。茜根と紫根とで染められたもので、延喜式では紫に次ぐ高位の色とされた。

唐紅
（からくれない）

鮮やかな赤色。紅染めの原料である紅花が高価だったため、高貴な色とされた。名前の由来は「唐から渡来した紅」。

珊瑚色
（さんごいろ）

黄みがかったくすんだ赤色。宝石としても重宝される珊瑚の色とされ、現代のコーラルピンクに近い。

青《あお》

紺碧
（こんぺき）

深みのある濃い青色のこと。よく晴れ渡った青空、特に真夏の深い青空の色のたとえとして用いられる。

浅葱
（あさぎ）

葱藍で染めた薄い藍色を指す伝統色。現在は明るい青緑も含める。幕末に新選組が羽織の色として使ったことが有名。

瑠璃紺
（るりこん）

瑠璃色がかった紺色のことで深い紫みの青色。仏の髪や仏国土の色として仏教と縁が深い。「紺瑠璃」とも。

水縹
（みはなだ）

藍染の薄い色で明るい青色。古くは藍染の総称を縹といい、それを水で薄めた表現。万葉集にもその名が見られる。

露草色
（つゆくさいろ）

ツユクサの花の汁で染めた、明るく鮮やかな青。万葉の時代から衣の染色に使われており、「花色」とも呼ばれる。

秘色
（ひそく）

薄い浅葱色。古代中国で皇帝の進物にのみ使われ、庶民には許されなかった青磁のような色から名付けられた。

勿忘草色
（わすれなぐさいろ）

勿忘草のような明るい青色。勿忘草は「私を忘れないでください」の意味を持ち、特にヨーロッパで親しまれている。

甕覗
（かめのぞき）

藍染の淡い青色を指す伝統色で、やわらかい緑みの青。ほんの少しだけ藍染めをした布地のような水色に近い涼しげな色。

黄

（き）

菜の花色

（なのはないろ）

菜の花の花弁を思わせる、明るくさえた黄色のこと。なお、菜種油にちなんだ「菜種油色」も別に存在する。

飴色

（あめいろ）

透明感のある黄褐色。水飴の色に由来する。キャラメル色に近い。また、玉ねぎを炒めた際の表現としても使われる。

刈安

（かりやす）

緑を帯びた明るめの黄色。カリヤスの葉や茎を染料とし、名前の通り「刈り安い」ことから、庶民の服色とされた。

黄金色

（こがねいろ）

黄金のような光り輝く黄色。錆びることのない金の不変性から、「生色（しょうしき）」という異称を持つ。

鬱金色

（うこんいろ）

鮮やかな濃い赤黄色。ウコンの根茎で染めたことが由来。ウコンは染料はもちろん、漢方薬としても利用されている。

蜜柑色（みかんいろ）

橙色よりも黄色みの強い、明るく鮮やかな黄赤。蜜柑の果実の皮の色で、特に日本で一般的な「温州みかん」の色とされる。

杏色（あんずいろ）

やわらかくくすんだ橙色。熟した杏の実の色に似ているとされる。花ではなく実の色が色名になるのは日本では珍しい。

支子色（くちなしいろ）

赤みがかったくすんだ黄色。クチナシの実は古くから染料として使われていた。「梔子色」とも表記する。

緑

みどり

万緑

（ばんりょく）

一面の草木が見渡すかぎり緑であること。真夏の森に足を踏み入れたような、深い緑を思わせる表現。

萌黄色

（もえぎいろ）

芽が出たばかりの草木のように鮮やかな黄緑色のこと。平安時代から用いられている伝統的な色名。

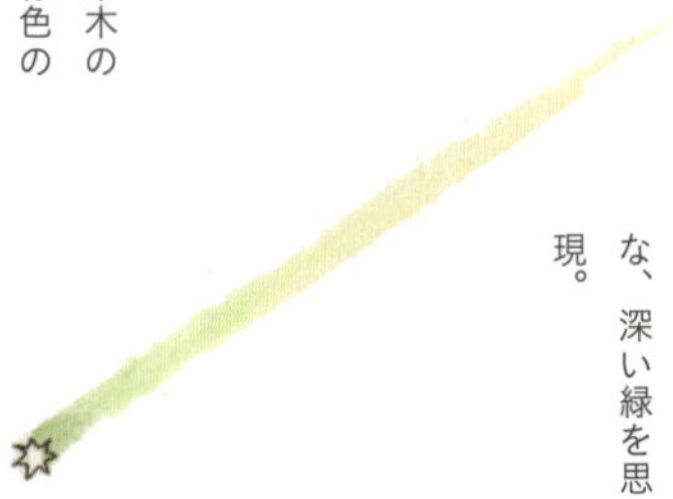

山葵色

（わさびいろ）

山葵の根茎をすりおろしたような、やわらかく淡い黄緑色。山葵が一般に普及するにつれ生まれた色名とされる。

白緑

（びゃくろく）

白みを帯びた緑色。緑青を砕いて粉末にした絵の具。色名における「白」は、色がより淡くなることを指す。

海松

（みる）

海藻の海松（ミル）のような、黒色がかった黄緑色。オリーブ色に近い。平安時代からあるとされる伝統的な色名。

麹塵

（きくじん）

灰色がかった黄緑色。麹黴の色に似ているとされる。また、山鳩の羽の色に似ていることから「山鳩色」とも呼ばれる。

紫
むらさき

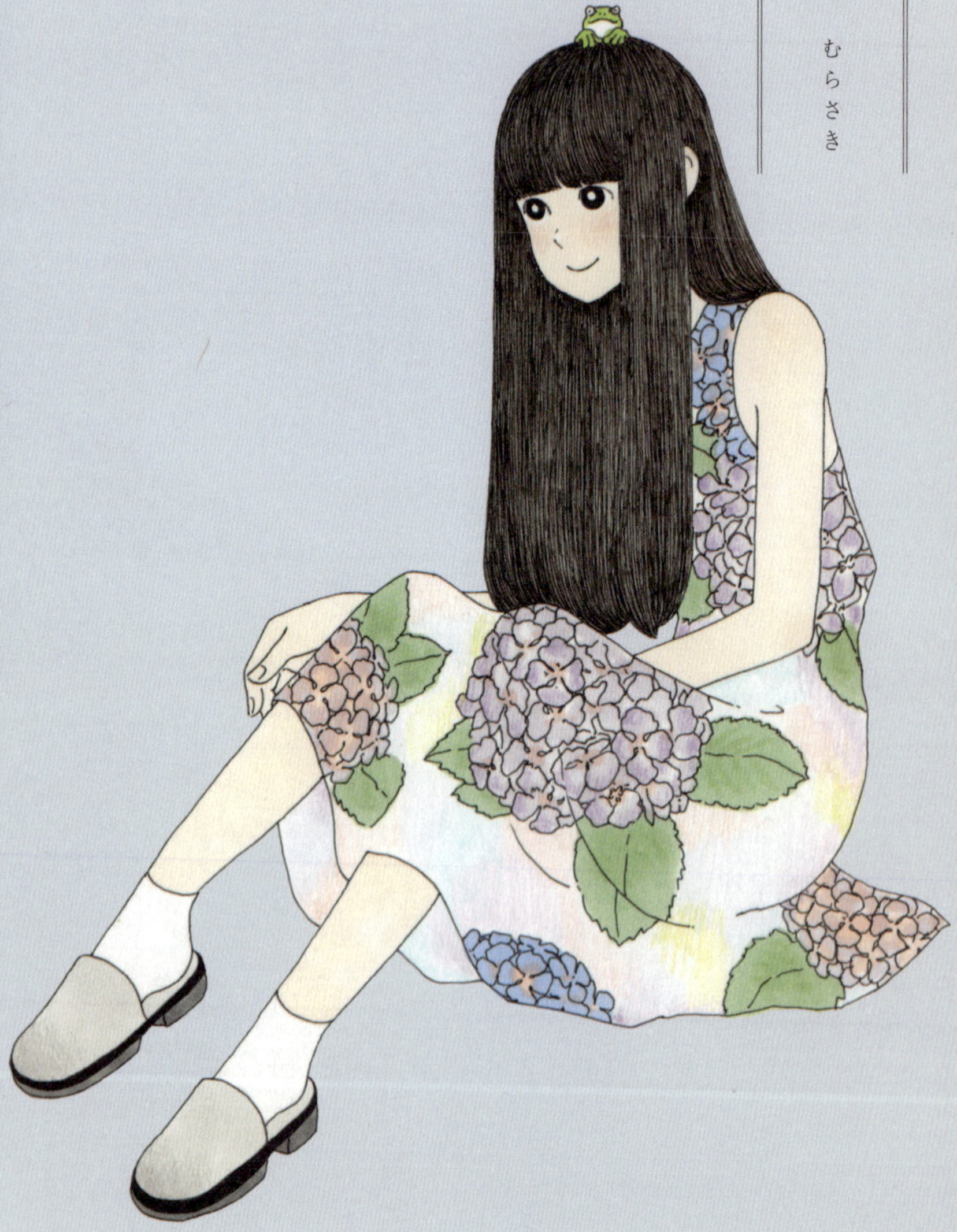

紫苑色
（しおんいろ）

淡い青みの紫色。くすんだ青紫。紫苑の花の色に似ていることに由来し、平安時代に名付けられたとされる伝統的な色名。

二藍
（ふたあい）

藍と紅花を染め重ねた色。藍と紅の比率によってその色合いは異なり、赤紫のものから青紫のものまで存在する。

菖蒲色
（あやめいろ）

赤みがかった紫色。菖蒲の紫の花の色に似た色として、端午の節句を飾る色とされる。「しょうぶいろ」とも読む。

桔梗色
（ききょういろ）

青みを帯びた鮮やかな紫色。秋の七草としても知られる桔梗の花の色に似ていることが名前の由来となった。

梅紫
（うめむらさき）

渋みのある深い赤紫色。「梅」は、紅梅の紅色に由来するとされる。近代に生まれた比較的新しい色名といわれる。

鳩羽色
（はとばいろ）

やや灰みを帯びた薄い紫色。鳩の羽の色に似ていることからその名がついた。着物の色としても好まれている。

江戸紫
（えどむらさき）

くすんだ青みの紫色。各地でとれる紫草の中でも、武蔵野産のものの色合いのことをこう呼ぶようになった。

京紫
（きょうむらさき）

赤みがかったくすんだ紫色。江戸に対抗して、伝統のある京の紫を区別するためにつけられた色名。

茶《ちゃ》

琥珀色（こはくいろ）

琥珀のような黄色みを帯びた透明または半透明の茶色。琥珀は樹脂の化石で、宝石としても珍重されている。

雀色（すずめいろ）

雀の羽のような茶褐色のことで、辺りが薄暗くなった寂しげな夕暮れどきの形容としても使われる。

亜麻色（あまいろ）

黄色みがかった淡い茶色のこと。リネンの原料でもある亜麻を紡いだ糸の色に似ていることからその名がついた。

木蘭色（もくらんじき）

赤みを帯びた鈍い黄褐色のこと。木蘭の樹皮を染料としたことが名前の由来で、法衣の色の一つとされる。

赤銅色（しゃくどういろ）

艶のある暗い黄赤のこと。日本独特の銅合金で、古くから工芸品などに用いられている赤銅に似ていることが由来。

朽葉色（くちばいろ）

葉っぱが朽ちたような、くすんだ赤みがかった黄色のこと。古くから用いられ、特に平安王朝で楽しまれた色。

百塩茶（ももしおちゃ）

チョコレートを思わせるような、赤みがかった焦茶色のこと。何度も染め重ねて濃い色を出したことからその名がついた。

煤竹色（すすたけいろ）

すすけた竹のような暗い茶褐色。江戸時代に愛好され、「柳煤竹」「銀煤竹」などいくつかのバリエーションが存在する。

黒

くろ

玄

（げん）

赤みや黄みを含んだ、深い黒色のこと。「玄」の文字には奥深さや静けさ、幽遠さなどの意味がある。

鉛色

（なまりいろ）

鉛のような青みを帯びた灰色。光沢のない、錆びたような暗い灰色で、曇り空などを表すたとえとしても使われる。

濡烏

（ぬれがらす）

カラスの羽を思わせる、青みを帯びた艶のある黒。女性の黒髪の美しさを表す言葉としても使われる。

消炭色

（けしずみいろ）

わずかに紫がかった暗い灰色のこと。「消炭」とは一度燃やした薪の火を途中で消した、やわらかい炭のこと。

薄墨色

（うすずみいろ）

薄い炭の色。古くから喪服や訃報など、死にまつわる色として用いられるため、あまりよい色とはされていない。

漆黒

（しっこく）

黒漆塗りの漆器のように、艶のある不透明な黒色のこと。純度の高い最上級の黒として用いられる。

暗黒色

（あんこくしょく）

一切光の差さない暗闇のような、真っ黒のこと。暗黒にたとえることで、黒の中でもその黒さをより強調した表現。

白《しろ》

白練（しろねり）

黄色みを消した練絹のような白色のこと。光沢のある絹の純白は、古代から神聖さを象徴する色とされている。

白亜（はくあ）

白亜紀の貝殻や有孔虫などの化石を含む石灰岩の色。やわらかな白色で、黒板に用いるチョークの白色に近いとされる。

銀鼠（ぎんねず）

銀色がかった明るい灰色のこと。金属の錫の色に似ていることから、「錫色」という呼び方をされることもある。

乳白色（にゅうはくしょく）

わずかに黄色みがかった、ミルクのように不透明な白のこと。温泉の湯の色を形容する際などに使われる。

鳥の子色（とりのこいろ）

黄色みがかった白。鳥の子とは雛鳥ではなく卵のことを指し、卵の殻の色にたとえられてこの名がついた。

生成色（きなりいろ）

黄色みがかった白。染めたり漂白したりしていない自然な繊維の色。昭和にファッションの色として流行した。

卯の花色（うのはないろ）

わずかに黄みがかった白色のこと。「卯の花」は「ウツギ」の別名で、初夏に小さな白い花を咲かせる。

彩《いろどり》

綾なす
（あやなす）

さまざまの美しい色や模様で飾ること。またその彩のこと。また、相手をうまく扱うという意味もある。

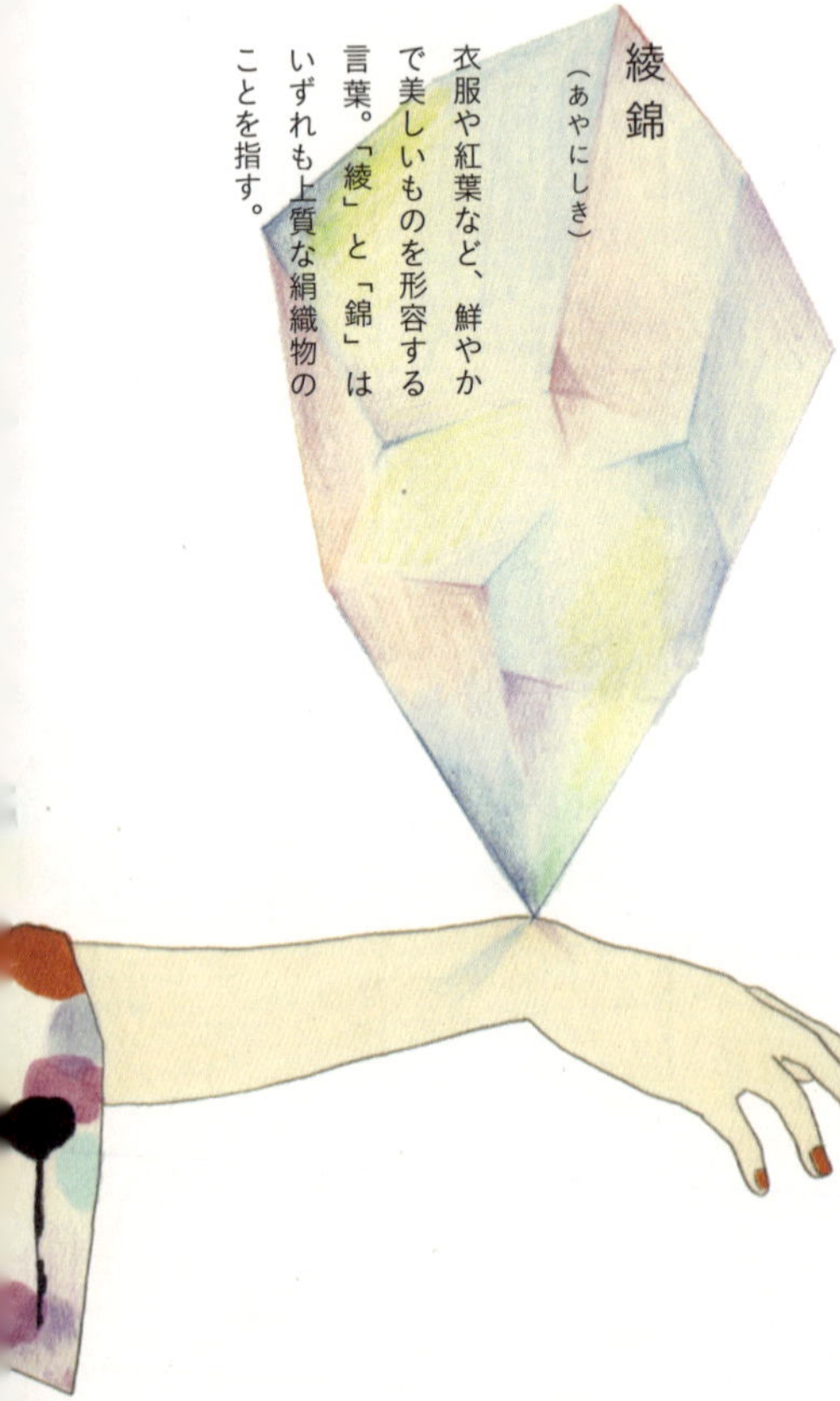

綾錦
（あやにしき）

衣服や紅葉など、鮮やかで美しいものを形容する言葉。「綾」と「錦」はいずれも上質な絹織物のことを指す。

玉虫色
（たまむしいろ）

玉虫の翅のように、光を受けてさまざまに変化する染色や織色など。また、どのようにもとれるあいまいな表現のこと。

極彩色
（ごくさいしき）

過剰なほど鮮やかで濃密な彩り。また、派手な化粧や服装など、けばけばしい様子や、厚化粧のこと。

綾羅錦繍
（りょうらきんしゅう）

綾絹や錦、刺繍などを施した織物のように煌びやかで美しいものを表現する言葉。特に、上質な衣服についていう。

千紫万紅
（せんしばんこう）

色とりどりの色彩。また、千や万ほどと思わせるさまざまな花が咲き乱れる様子。似たものに「千紅万紫」という表現もある。

百色眼鏡
（ひゃくいろめがね）

万華鏡の別名で、内側が鏡になった筒の中に、色ガラスやセルロイドなどの欠片を入れ、回し見ることで変化を楽しむ。

Column

たとえ言葉の魅力

日本語には、多くのたとえ言葉が存在しています。ここまでに紹介した語句を例にとると、「萌黄色」「雀色」「琥珀色」など。色を自然にたとえて、美しさを形容することが多いですね。

微妙な違いの色であっても、それぞれ「これは〇〇のようだ」と一つずつ名前が付けられているのです。名前を付けた人はきっと、非常に観察眼が鋭く、感性が豊かだったのでしょう。

ほかにも「千鳥足」という言葉。酔っぱらいのおぼつかない足取りを指して使われることが多いですね。これは千鳥という鳥の歩き方に由来しているそうです。深く考えずに使っていますが、語感もよく、非常に的確なたとえだったからこそ、ここまで定着したのだと思います。

単にそのまま表現できる事柄を、別のものに言い換える。そこには文章や会話を楽しもうとする心意気や、受け手に対するサービス精神が感じられます。

言葉の使い方はどこまでも自由です。一つの言葉を分解してみることで、新たな発見が得られたり、組み合わせてみることで、無限の可能性が広がったり。すでにある言葉がしっくり来ないと思ったら、時には自分なりのたとえを考えてみるのもよいかもしれません。

場面

その他

音《おと》

残響
（ざんきょう）

音が止まった後にもしばらくの間残る響き。壁や床、天井などで反射が繰り返されることで起こる現象。

海鳴り
（うみなり）

海から聞こえる轟くような音。海岸で大きな波がくだけた際に発する音で、台風や津波の予兆ともいわれる。

初音
（はつね）

虫や鳥、獣などがその季節に初めて鳴く声のこと。特に、その年初めてのウグイスの鳴き声に対していう。

衣擦れ
（きぬずれ）

歩いているときや、動作をしているときに、着ている着物が擦れ合うこと。かすかな音のたとえとしても使われる。

晩鐘
（ばんしょう）

寺院や教会などが夕方に鳴らす鐘の音。「入相（いりあい）の鐘」という呼び方もあり、「入相」は「日が暮れる頃」を意味する。

潮騒
（しおさい）

潮が満ちるときに発生する、寄せてくる波の音。ざわめくような音が、波が騒ぎ立てている様子に聞こえることから。

蚊雷
（ぶんらい）

蚊の群れのうるさい羽音のこと。集団の蚊が発する大きな羽音を、雷が鳴っている音にたとえていう。

鈴を転がすよう
（すずをころがすよう）

女性の、高く澄んだ美しい声のこと。「鈴を振るよう」ともいわれる。鈴を鳴らした美しい音に声をたとえた語。

夢《ゆめ》

春眠
（しゅんみん）

春の夜の眠りのこと。春の夜は短く寝心地がよいため、つい眠り込んでしまうさまを「春眠暁を覚えず」という。

夢路
（ゆめじ）

夢を見ることを、夢の世界への道をたどることにたとえていう。また、夢の中で見る道のことも指す。

微睡む
（まどろむ）

少しの時間、浅い眠りに落ちること。目がとろんとなるさまを表す「目（ま）とろむ」が由来とされる。

草枕
（くさまくら）

旅先で寝泊まりすること。草を束ねて作る仮の枕のことで、旅先でのわびしい宿泊をたとえていう言葉。

舟を漕ぐ
（ふねをこぐ）

うとうとと居眠りをすること。座ったまま身体が前後に揺れる姿が、舟を漕ぐ様子に似ていることから。

白河夜船
（しらかわよふね）

周りの出来事に気づかないほど、ぐっすりと眠っているさま。また、知ったかぶりをするという意味もある。

華胥の国に遊ぶ
（かしょのくににあそぶ）

気持ちよく昼寝をすること。華胥の国とは、中国の黄帝が昼寝をしたとき、夢の中で見た理想の国を指す。

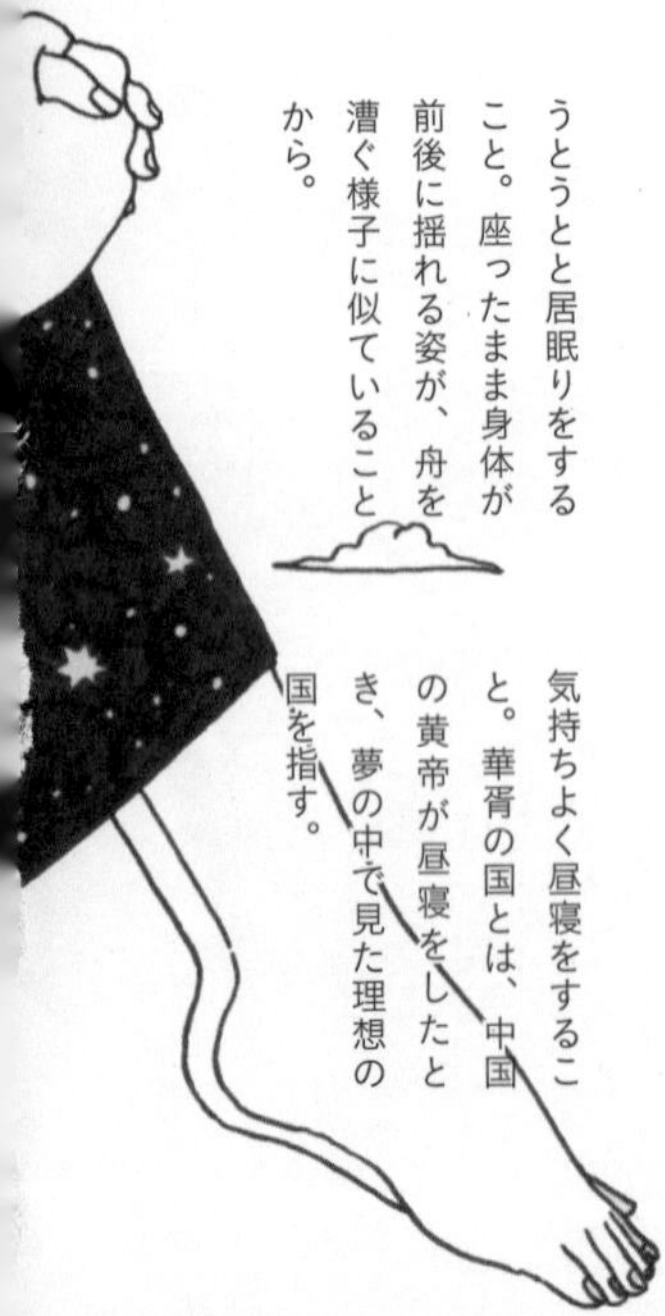

幻《まぼろし》

蜃気楼（しんきろう）

光の屈折にともなう現象で、遠くのものが近くに見えたり、物体の位置がずれて見えたりする。砂漠や海上で見られる。

白昼夢（はくちゅうむ）

昼間、目を覚ました状態で見る夢のように現実味を帯びた幻想。または、そのような空想にふけること。

空中楼閣（くうちゅうろうかく）

実現不可能な根拠のない物事。抽象的な架空の物事。空中に大きな建物を建てるようなもの、という意味。

絵空事（えそらごと）

実際にはあるはずもない嘘のこと。絵は、得てして誇張や美化を加えて大袈裟に描かれるものであることから。

不知火（しらぬい）

夜の海上に無数の光が明滅する現象。漁船の漁火が異常屈折したものとされ、主に九州の有明海や八代海で見られる。

陽炎（かげろう）

熱せられた地面や、炎越しに見た景色がゆらゆらと揺らめいて見える現象。儚いもののたとえとしても用いられる。

鏡花水月（きょうかすいげつ）

鏡に映る花や水に映る月のように、目には見えるが、手に取ることのできないもの。また、言葉で言い表せない奥深い趣。

残像（ざんぞう）

物を見た後に、一瞬その感覚が残ること。強い光を見た後に白い壁を見ると、光の像が壁に映って見えるような現象。

幸《さいわい》

淑気

（しゅくき）

よい気配や、めでたい気配のこと。新春の華やかで温和な雰囲気をいう。新年の季語としても定着している。

琴瑟

（きんしつ）

夫婦が仲睦まじいことをいう。琴と瑟はいずれも楽器で、音色の調和がとれていることから夫婦の愛情にたとえられる。

暗夜の灯

（あんやのひ）

未来や行く末がはっきりせず、不安な状況で見出される希望。暗い夜の闇を照らすようにともる光にたとえた表現。

浮かぶ瀬

（うかぶせ）

逆境から抜け出すことのできる機会。溺れかけている状態から、水面まで浮かび上がってくることに由来する。

積善の余慶

（せきぜんのよけい）

善い行いを積み重ねると、いずれ報われるという意味。子孫にもその幸福が及んでいくとされる。

一陽来復

（いちようらいふく）

冬が去り、春が訪れること。また、新年が来ること。悪いことが続いた後で、物事がようやく幸運に向かうたとえ。

青い鳥

（あおいとり）

幸福のしるしのこと。フランスのメーテルリンクの童話劇が由来で、身近にありながら気付かない幸福を指していう。

瞳《ひとみ》

明眸（めいぼう）

美しく鮮やかな目もと。美人の形容としても使われる。「明」は、「はっきりしている」さま。「眸」は瞳を表す。

眦（まなじり）

目の、側頭部に近い方にある端。現代では「目尻」の呼び方が一般的だが、「眦を決する」など一部の慣用句で使われる。

青眼（せいがん）

好きな人や親しい人を歓迎する、喜びに満ちた目つき。一方で嫌いな相手に対する冷たい目つきを白眼という。

鳳眼（ほうがん）

眦が深く、切れ長ですっきりした眼のこと。鳳凰の目にたとえられ、中国の人相学では尊い人物とされる。

炯眼（けいがん）

嘘偽りを許さないかのように、鋭く光る眼光のこと。転じて、物事の本質や真実をはっきりと見抜くことのできる力。

秋波（しゅうは）

美人の涼しげな目もと。また、媚を含んだ女性の色っぽい目つき。秋の澄んだ美しい波にたとえた表現。

酔眼（すいがん）

酒に酔って視線の定まらないとろんとした目つきのこと。酔ってぼんやりしたさまを「酔眼朦朧」という。

伏し目（ふしめ）

視線を下に落とすこと。また、うつむくこと。目を合わせずに顔を伏せた人の様子を「伏し目がち」と表現する。

髪

かみ

朝髪（あさがみ）

朝、起きたばかりで梳かす前の、乱れた状態の髪のこと。ほかに「朝寝髪」や「寝惚れ髪」「寝乱れ髪」との呼び方もある。

後れ髪（おくれげ）

髪を結い上げた際、耳際や襟足辺りに残って垂れた毛。主に女性の髪について いう。「遅れて生えた」ことに由来する。

蝉鬢（せんびん）

蝉の羽のように透きとおって見えるほど美しい髪。特に女性の髪をたとえていう。転じて、美人のことをそう呼ぶ。

蓬髪（ほうはつ）

伸びきってほつれ、くしゃくしゃに乱れた長い髪。ぼうぼうと茂った蓬（よもぎ）のように見えることから。

御下げ（おさげ）

少女の髪の結い方。長い髪を左右に分けて編み、垂らしたもの。また、頭上にまとめてうしろへ垂らしたもの。

頭の雪（かしらのゆき）

白髪のこと。歳をとって白くなった髪を、雪が降ったかのようにたとえていう語。「頭の霜」とたとえることもある。

妖《あやかし》

鬼火（おにび）

日本各地に伝わる正体不明の火の玉。雨の夜などに空中を浮遊する青い火。燐が自然発火したものとされる説がある。

幻妖（げんよう）

正体の分からない化け物や妖怪といったあやしい存在。また、人を惑わすこと。あやしく幻想的なさま。

魑魅魍魎（ちみもうりょう）

人間に害をなす化け物の総称。また、私欲のために暗躍する者のたとえ。「魑魅」は山林、「魍魎」は水の妖怪とされる。

百鬼夜行（ひゃっきやこう）

夜中にさまざまな鬼や妖怪の群れが列をなして歩くこと。転じて、悪人たちが目立たないところで公然と悪事を働くこと。

夜叉（やしゃ）

古代インドの人に害をなす悪い鬼。仏教においては仏法を守護する鬼神であり、毘沙門天の眷族とされる。

盂蘭盆会（うらぼんえ）

夏に行われる仏教行事で、現在の日本では祖先の霊を祀る一連の行事とされる。「盆会」「お盆」「魂祭（たままつり）」とも。

伏魔殿（ふくまでん）

悪魔や魔物が潜んでいるとされる殿堂。転じて、陰でこっそりと陰謀や悪事などが絶えず企まれている場所。

狐狸妖怪（こりようかい）

人を騙したり、悪事を働いたりするあやしげな化け物のこと。転じて、人知れず悪事を働く者のことを指す。

静

しずか

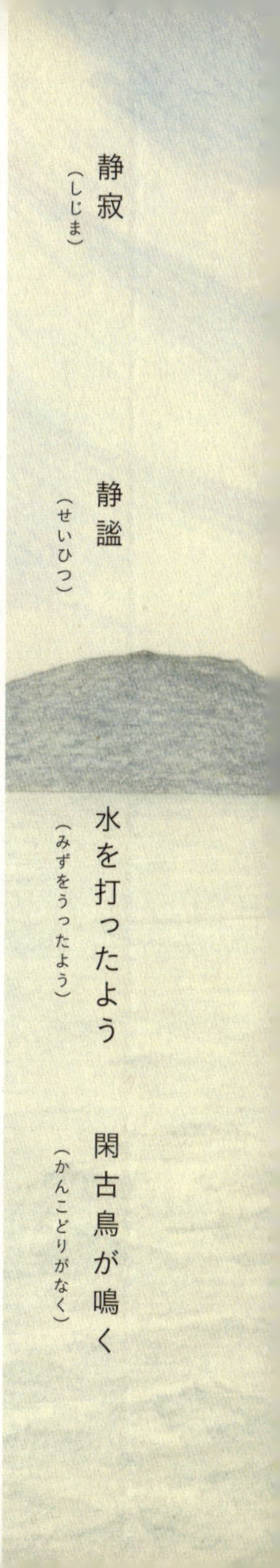

静寂（しじま）

物音一つしないほど、静まりかえっていること。また、口を閉じて無言のまま黙りこくっていること。

悠揚（ゆうよう）

ゆったりとして、落ち着いている様子。また、ゆっくりと広がるように上がっていくこと。はるか遠くにただようこと。

静謐（せいひつ）

ひっそりと静まり返って、落ち着いている様子。また、世の中が乱されることなくおだやかに治まっていること。

静淵（せいえん）

静まりかえって水を深くたたえた湖などの淵。転じて思慮深く、心が静かに落ち着いていることを表す。

水を打ったよう（みずをうったよう）

その場にいる人々が一斉にしんと静まり返っている様子。砂や埃などを静めるために地面に水をまく様子になぞらえた。

暗黒沈静（あんこくちんせい）

暗闇に包まれて、ひっそりと静まり返っている様子。「暗黒」は光の差さない真っ暗な場所を表す。

閑古鳥が鳴く（かんこどりがなく）

人が訪れず、ひっそりとしているさま。特に、商売が流行らずにさびれている様子を指す。閑古鳥はカッコウの別名。

象牙の塔（ぞうげのとう）

芸術家が俗世間を離れて静寂な芸術を楽しむ孤高の境地。また、学者の生活や、大学の研究室などの閉鎖的な社会。

朝《あさ》

東雲
（しののめ）

夜が終わり、東の空がわずかに明るくなる時分。または、明け方の茜色に染まる空や、そこにたなびく雲のこと。

曙
（あけぼの）

日が昇り、夜空が明るくなってくる頃。「ほのぼのと夜が明ける」という意味の「明仄（あけほの）」が転じた言葉とされる。

暁
（あかつき）

明け方のこと。太陽が昇る前の、空が少しずつ明るくなり始めている状態。また、物事が実現した際のこと。

彼は誰時
（かはたれどき）

「彼は誰」と尋ねなければならないほど、近くにいる人の顔の判別がつかなくなる、薄暗い時刻。特に明け方を指す。

白白明け
（しらしらあけ）

夜が明けて、東の空がだんだんと白んでいき、辺りも次第に明るくなっていく様子。または、その時間帯。

有明
（ありあけ）

陰暦の十六夜以後で、空にまだ月が残ったまま夜が明けること。または、その頃の月。転じて、夜明け方のこと。

朝まだき
（あさまだき）

夜の明けきらない早朝のこと。「まだき」には「まだ早く、ある時点に十分達していない」という意味がある。

星行
（せいこう）

夜の明けきらないうちに出かけること。まだ頭上に星が出ているほど早朝であるうちに行くことを表す。

夜《よる》

宵の口（よいのくち）

日が暮れて間もない、夜の早い時間のこと。夜の始まったばかりの頃、すなわち夜の入り口という意味。

逢魔時（おうまがとき）

闇の迫った夕方の薄暗い時間帯。昼と夜の境であり、魔物や妖怪が動き出す災いの起きやすい時間帯であるとされる。

黄昏（たそがれ）

日没の後、西の空にかすかに夕暮れの赤さが燃え残っている時間帯。転じて、物事が盛りを過ぎて終わりに近づく頃。

灯ともし頃（ひともしごろ）

日が暮れて周囲が薄暗くなり、家々が灯をともし始める時間帯。「火点頃（ひとぼしごろ）」とも表記する。

夜さり（よさり）

夜になる頃。または今夜。「さり（去り）」は夜が去るという意味だが、古くは近づいてくることを「去る」と表現していた。

可惜夜（あたらよ）

明けるのが惜しいほどに、すばらしい夜のこと。「あたら」は物事の価値が失われることを惜しむさまを表す。

待宵（まつよい）

陰暦八月十四日の夜。翌日が十五夜であることから、月を待つという意味。または、訪ねてくる恋人などを待つ宵。

終夜（よもすがら）

一晩中。夜通し。「すがら」には「始めから終わりまで」などの意味があり「夜の間ずっと〜する」という表現で使われる。

時《とき》

星霜
（せいそう）

歳月、年月のこと。地球から見た星は一年に一周し、霜は毎年冬が来るたびに降りることに由来する。

春秋
（しゅんじゅう）

春から秋に変わるように、年月や年齢のことを指す。若く将来があることを「春秋に富む」と表現する。

来し方
（こしかた）

過去または過ぎてきた時間や場所のこと。過ぎてきた過去と、これから進んでゆく未来のことを「来し方行く末」と表す。

刹那
（せつな）

仏教における時間の最小単位。指を一度弾く間に六十～六十五の刹那があるとされる。きわめて短い時間を表す語。

終日
（ひねもす）

朝から晩までを指す言葉で、一日中ずっと何かをしていたときのような場合に、副詞的に用いることが多い。

晦日
（つごもり）

月の最終日のこと。陰暦では月が隠れる頃であるため「つきごもり（月隠）」が変化したものといわれている。

光陰如箭
（こういんじょぜん）

月日が矢のようにあっという間に過ぎてしまうこと。「光陰」は時間を指し、「箭」は弓矢の矢を指す。「光陰矢の如し」とも。

共白髪
（ともしらが）

夫婦ともに白髪になるまで、そろって長生きすること。夫婦円満の意味が込められ、結納品の一つとしても知られる。

儚《はかない》

玉響
（たまゆら）

ほんのしばらく、一瞬。美しい石や宝石を意味する「玉」が触れ合う音をかすかなこととしたことに由来する。

露の世
（つゆのよ）

あっという間に消えてしまう露のように、儚いこの世。決して定まらず移ろい続ける無常な世の中のこと。

仮初め
（かりそめ）

永久ではなく、ほんの一時的であること。または、さして重大ではないささいなこと、軽々しいことなどに使われる。

蜉蝣
（かげろう）

夏の水辺に見られる昆虫。成虫は朝に生まれて夕方に死ぬといわれるほど寿命が短いことから、儚いもののたとえ。

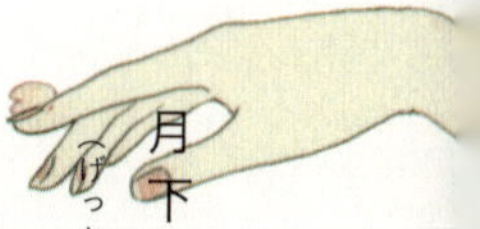

月下美人
（げっかびじん）

サボテン科の植物。夏の夜、香りのよい白くて大きな花を咲かせるが、わずか数時間でしぼんでしまう儚い存在。

夢幻泡影
（むげんほうよう）

すべての物事は実体がなく儚いものであるというたとえ。「夢」「幻」「泡」「影」はいずれも消えやすいものであることから。

風口の蝋燭
（かざくちのろうそく）

風口に立てられた蝋燭の炎が今にも消えてしまいそうなように、非常に心もとなく、儚く消えやすいもののたとえ。

一炊の夢
（いっすいのゆめ）

世界の繁栄や人生の栄華は儚いものであるというたとえ。「一炊」とは飯が炊き上がるほどのほんの短い時間を表す。

灯《あかり》

不夜城

（ふやじょう）

多くの灯がともり、夜でも昼のように明るい場所。特に歓楽街。夜でも太陽が出ていたという中国の城の名に由来する。

漁火

（いさりび）

夜に魚をおびき寄せるため、漁船が燃やす火のこと。漁火が並ぶ沖を陸から見た光景は幻想的なものになる。

華燭

（かしょく）

結婚の席にともす華やかな灯。また、結婚式のこと。単に華やかで美しい灯火全般を指していう場合もある。

仄仄

（ほのぼの）

ほのかに明るくなっていくさま。特に、夜が明けていく様子を表す。また、心がほんのりと暖かくなること。

常夜灯

（じょうやとう）

一晩中つけておく明かりのこと。街道沿いや神社に設置されているものを始め、家庭用のナツメ球のことも指す。

誘蛾灯

（ゆうがとう）

虫が光に集まる習性を利用し、誘い寄せた虫を駆除する装置。かつて松明や篝火を焚いて害虫駆除していたことが始まり。

花篝

（はなかがり）

夜桜を鑑賞するために焚かれる火のこと。単に明かりとしての目的だけではなく、桜の風情を引き立てる役割を果たす。

雪洞

（ぼんぼり）

小さな行燈（あんどん）の一種。蝋燭立てに柄と台座をつけたもの。紙や絹越しにぼんやりとした灯りが見える。

街《まち》

摩天楼

（まてんろう）

まるで空に達するほどの超高層建築のこと。英語の skyscraper を「天をこする」という意味で訳したことが語源。

紅灯の巷

（こうとうのちまた）

芸者や遊女の集う花柳街や、娯楽場、飲食店などの並ぶ歓楽街。「紅灯」は夜の街の華やかな灯火を表す言葉。

まほろば

すぐれた場所、住みやすい場所の意味を表す日本の古語。「まほ（真秀）」は「十分である」という意味を持つ。

寒郷

（かんきょう）

貧しく荒れ果てた、さびれた村里のこと。転じて、自らの故郷や居住地をへりくだって表現する際に用いられる。

目抜き通り

（めぬきどおり）

街で最も交通量や人通りの多いメインストリートのこと。「目抜き」は刀の柄の中心で目立つ「目貫」という金具が由来。

銀座

（ぎんざ）

東京都中央区の地名だが、現代ではその街の中心となる繁華街やにぎわう場所の形容としても使われる。

古

いにしえ

永久
（とこしえ）

いつまでも変わらないさま、同じ状態が続くさま。「とこ」は「永久不変」という意味を持つ「常」から来たもの。

常磐
（ときわ）

永遠に変化しない岩のこと。転じて、物事が不変であること。また、一年中葉の色が変わらない木々や、常緑樹を指す。

永遠無窮
（えいえんむきゅう）

果てしない時間のこと。「永遠」は時間が無限であること、「無窮」は果てしないさまを表す言葉。

悠遠
（ゆうえん）

時間的、空間的に、はるかに遠く久しいこと。「悠」は「はるか」とも読み、どこまでも続いているさまを表す。

苔生す
（こけむす）

苔が生えるほど、長い時間の経過を表す。非常に歴史を感じさせる表現で、永久に近い意味でも使われる。

千古不滅
（せんこふめつ）

永遠にその価値が失われないこと。「千古」は遥か大昔のことを指し、「不滅」は永久にほろびないことを指した言葉。

光《ひかり》

光芒（こうぼう）

細長く伸び、すっと尾を引いているように見える一筋の光。彗星の明るい軌跡を指して使われることが多い。

極光（きょっこう）

大気の発光現象。オーロラのこと。北極や南極において、刻一刻と色を変えながら空を彩る美しい光。

夕映え（ゆうばえ）

夕日を受けて物が輝くこと。また、夕方の薄暗さの中で、かえって物の色がはっきりと浮かび上がって見えること。

残照（ざんしょう）

日が沈んだ後にも雲などに照り残っている空の光。過ぎ去った物事が残していった影響をたとえていう語。

夜天光（やてんこう）

月の出ていない夜のほのかな自然光のこと。星野光・黄道光・大気光の三成分からなるもので、俗にいう星明かり。

逆光線（ぎゃっこうせん）

写真撮影などで、対象物の背後からレンズに向かって差す光。反対に、対象物に対して差す光を「順光線」という。

清《きよい》

玲瓏
（れいろう）

玉などが鮮やかに輝くさま。美しく透き通るさま。また、金属などが発する美しくさえた音や、それを思わせる声。

白無垢
（しろむく）

上着も下着も全身がすべて白一色で仕立てられた着物。古来より白は神聖な色とされ、現代でも花嫁衣装として知られる。

明鏡止水
（めいきょうしすい）

なんのわだかまりもなく、澄みきって静かな心の状態。「明鏡」は曇りのない鏡、「止水」は波のない静かな水のこと。

山紫水明
（さんしすいめい）

自然の景色が清らかで美しいこと。日の光に映えて、山は紫にかすみ、川の水は澄みきっているという意味。

幽玄
（ゆうげん）

計り知れない奥深さや味わいのある物事。またはその様子。優雅で高尚な、気品に満ちあふれた趣深いさま。

淑やか
（しとやか）

性質やふるまい、話し方などが静かで落ち着いているさま。たしなみがあり、上品でつつしみ深いさま。

清浄無垢
（せいじょうむく）

心も身体も清らかで汚れていないこと。また、その様子。仏教においては、煩悩がなく澄んだ心のことをいう。

天衣無縫
（てんいむほう）

詩や文章などが自然で美しいこと。また、飾り気のない性格のこと。天女の衣には縫い目の跡がないといわれることから。

爽

さわやか

風薫る
（かぜかおる）

草花の香りを孕んだ風が、さわやかに吹き渡ること。特に若葉の頃である初夏の季節を指していうことが多い。

溌剌
（はつらつ）

顔や体つきが元気で生命力に満ち溢れて、生き生きとしているさま。魚が勢いよく飛び跳ねる様子に由来。

清か
（さやか）

明るくてはっきりしたさま。川のせせらぎなど、音が澄んでいる様子。風景などが清らかでさっぱりした状態。

凛と
（りんと）

態度や姿がきりっと引き締まっている様子。また、音がよく響くこと。厳しい寒さを表す形容としても使われる。

清灑
（せいしゃ）

華美に飾り立てず、清らかですっきりしているさま。「灑」は洗ったようにさっぱりとしているさまを表す。

心涼し
（こころすずし）

晴れ晴れと清々しく、気持ちのよいさま。気分爽快であること。また、未練を持たない潔い様子を表す。

気っ風
（きっぷ）

気立てや心意気のこと。「江戸っ子の気っ風」といったように、特に気前のよいさっぱりとした気性を指して使う。

枯淡
（こたん）

世間のしがらみにとらわれない、あっさりとした人柄や性質。また、そういった趣のある書画や文章のことを表す。

宝

たから

虎の子
（とらのこ）

決して手放さない大切な秘蔵品。虎は子どもを大切に守り、可愛がって育てるといわれることに由来する。

珠玉
（しゅぎょく）

宝石、または真珠のことで、美しいもの、立派なもののたとえ。すぐれた文章などを賞する表現としても使われる。

舶来品
（はくらいひん）

日本国外より運ばれてきた輸入品を指す。かつては船便によって運ばれてきた欧米の品は、高級品として特別視された。

掌中の珠
（しょうちゅうのたま）

常に手の中にあるような最も大切なものを指す。特に、最愛の妻や子のことをたとえていう場合が多い。

蝶よ花よ
（ちょうよはなよ）

蝶や花を愛でるように、子どもを人並み以上に慈しみ、可愛がるさま。女児に対して使われることが多い。

乳母日傘
（おんばひがさ）

子どもに乳母をつける、日傘を差しかけるなど、大事に育てること。また、ちやほやと過保護にするという意味もある。

深窓の令嬢
（しんそうのれいじょう）

穢れを知らないまま大切に育てられた娘のこと。深窓とは屋敷の奥深い窓のことで、上流階級の家柄をたとえていう語。

始《はじまり》

黎明
（れいめい）

明け方のこと。転じて、物事が盛んになり、特に芸術や文学などの運動が起こること。また、その時期。

夜明け
（よあけ）

太陽が昇る直前の時間帯のことで、新たな時代や文化、芸術などが始まるたとえとして用いられる。

揺籃
（ようらん）

乳幼児用のベッド、いわゆるゆりかごのことで、人や物事が発展する前の初期の状態のたとえとして用いられる。

萌芽
（ほうが）

草木が芽を出すこと。また、その芽。転じて、その様子から新たな物事の始まりや、兆しの意味も持つ。

草分け
（くさわけ）

土地を開拓し村を興すことをそう呼んだことから、新たな物事を初めて行うことや、創始者の意味を持つ。

年の端
（としのは）

一年の始まりのこと。また、年齢という意味もあり、幼い子どものことを指して「年端もいかぬ」という。

終
おわり

終着駅（しゅうちゃくえき）

本来は列車などの終点のことを指すが、人生など、物事の最後にたどり着く地点を表す言葉としても使われる。

千秋楽（せんしゅうらく）

芝居や相撲などの興行期間の最終日。転じて、物事がいよいよ最後を迎えることを表す言葉としても使われる。

末筆（まっぴつ）

「これで筆を置く」という意味で、手紙やメールにおける結びの文章のこと。締めくくりの文章の書き出しに使われる。

終止符（しゅうしふ）

欧文で文の終わりにつけるピリオドや、音楽で楽章・楽曲の終わりにつける終止記号のこと。物事の終わりを表すことも。

挽歌（ばんか）

人の死を悼む歌。野辺送りの際、柩をひきながら歌われたことに由来する。転じて、悲しみを歌った歌全般を指すことも。

奥付（おくづけ）

本の巻末に設けられる、著者名や発行日などの書誌情報が記述されている箇所。映画などのエンドロールに近い。

Index

あ

愛誦（あいしょう）……060
青い鳥（あおいとり）……117
暁（あかつき）……127
茜（あかね）……091
秋麗（あきうらら）……039
秋の声（あきのこえ）……039
秋の鹿は笛に寄る（あきのしかはふえによる）……083
秋の空（あきのそら）……052
明け烏（あけがらす）……019
曙（あけぼの）……127
朝髪（あさがみ）……120
浅葱（あさぎ）……093
朝凪（あさなぎ）……021
朝まだき（あさまだき）……127
徒波（あだなみ）……007
可惜夜（あたらよ）……129
油照り（あぶらでり）……025
亜麻色（あまいろ）……101
天翔る（あまかける）……063
雨だれ（あまだれ）……026
天の海（あまのうみ）……009
雨催い（あまもよい）……008
飴色（あめいろ）……094
綾なす（あやなす）……106
綾錦（あやにしき）……106
菖蒲色（あやめいろ）……099
有明（ありあけ）……127
暗黒色（あんこくしょく）……102
暗黒沈静（あんこくちんせい）……125
杏色（あんずいろ）……095
暗澹（あんたん）……067
暗黙知（あんもくち）……058
暗夜の灯（あんやのひ）……117

い

許婚（いいなずけ）……086
息巻く（いきまく）……050
漁火（いさりび）……135
一陽来復（いちようらいふく）……117
一炊の夢（いっすいのゆめ）……133
一閃（いっせん）……058
一服（いっぷく）……071
凍て解け（いてどけ）……035
命の洗濯（いのちのせんたく）……071

う

浮かぶ瀬（うかぶせ）……117
浮き雲（うきぐも）……029
浮き立つ（うきたつ）……045
鬱金色（うこんいろ）……094
薄墨色（うすずみいろ）……102
薄氷（うすらい）……015
泡沫（うたかた）……013
打ち水（うちみず）……037
宇宙遊泳（うちゅうゆうえい）……063
有頂天（うちょうてん）……045
空蝉（うつせみ）……037
卯の花色（うのはないろ）……104
卯の花腐し（うのはなくたし）……026
馬の背（うまのせ）……011
海鳴り（うみなり）……111
梅見月（うめみづき）……035
梅紫（うめむらさき）……099
埋もれ木（うもれぎ）……46
盂蘭盆会（うらぼんえ）……123
雲海（うんかい）……029

え

永遠無窮（えいえんむきゅう）……138

Index

笑窪（えくぼ）…… 069
絵空事（えそらごと）…… 115
笑壺に入る（えつぼにはいる）…… 069
江戸紫（えどむらさき）…… 099
鴛鴦の契り（えんおうのちぎり）…… 086

お

懊悩（おうのう）…… 056
逢魔時（おうまがとき）…… 128
奥付（おくづけ）…… 151
後れ髪（おくれげ）…… 120
御下げ（おさげ）…… 121
鬼火（おにび）…… 123
思召し（おぼしめし）…… 055
朧雲（おぼろぐも）…… 029
朧月（おぼろづき）…… 023
思い種（おもいぐさ）…… 056
思い撓む（おもいたわむ）…… 067
乳母日傘（おんばひがさ）…… 147

か

呵呵大笑（かかたいしょう）…… 069
鶴首（かくしゅ）…… 080
駆け落ち（かけおち）…… 077
陽炎（かげろう）…… 115
蜉蝣（かげろう）…… 133
風切り羽（かざきりばね）…… 019
風口の蝋燭（かざくちのろうそく）…… 133
風花（かざはな）…… 031
鹿島立ち（かしまだち）…… 063
佳宵（かしょう）…… 023
華燭（かしょく）…… 135
華胥の国に遊ぶ（かしょのくににあそぶ）…… 112
頭の雪（かしらのゆき）…… 121
花信風（かしんふう）…… 021
風薫る（かぜかおる）…… 145
風の子（かぜのこ）…… 073
風光る（かぜひかる）…… 021
風を食らう（かぜをくらう）…… 076
片陰（かたかげ）…… 037
彼は誰時（かはたれどき）…… 127
鎌鼬（かまいたち）…… 021
神隠し（かみかくし）…… 077
甕覗（かめのぞき）…… 093
唐紅（からくれない）…… 091
空騒ぎ（からさわぎ）…… 064
仮初め（かりそめ）…… 133
刈安（かりやす）…… 094
カンカン照り（かんかんでり）…… 025
寒郷（かんきょう）…… 136
寒九（かんく）…… 040
眼光紙背に徹す（がんこうしはいにてっす）…… 060
閑古鳥が鳴く（かんこどりがなく）…… 125
寒蝉（かんせん）…… 039
寒凪（かんなぎ）…… 041
冠を曲げる（かんむりをまげる）…… 050
寒露（かんろ）…… 039

き

桔梗色（ききょういろ）…… 099
麹塵（きくじん）…… 097
菊日和（きくびより）…… 025
狐の嫁入り（きつねのよめいり）…… 026
気っ風（きっぷ）…… 145
着流し（きながし）…… 071
生成色（きなりいろ）…… 104
衣擦れ（きぬずれ）…… 111
逆光線（ぎゃっこうせん）…… 140
狂雲（きょううん）…… 029

Index

鏡花水月（きょうかすいげつ）……115
嬌笑（きょうしょう）……069
驚天動地（きょうてんどうち）……049
京紫（きょうむらさき）……099
極光（きょっこう）……140
きりきり舞い（きりきりまい）……064
桐一葉（きりひとは）……039
錐揉み（きりもみ）……064
霧る（きる）……084
欣喜雀躍（きんきじゃくやく）……065
銀座（ぎんざ）……137
琴瑟（きんしつ）……117
銀世界（ぎんせかい）……031
銀竹（ぎんちく）……026
銀鼠（ぎんねず）……104
銀盤（ぎんばん）……015
銀嶺（ぎんれい）……011
銀湾（ぎんわん）……032

く

空中滑走（くうちゅうかっそう）……063
空中楼閣（くうちゅうろうかく）……115
草いきれ（くさいきれ）……037
草枕（くさまくら）……112
草分け（くさわけ）……149
支子色（くちなしいろ）……095
朽葉色（くちばいろ）……101
首っ丈（くびったけ）……082
雲隠れ（くもがくれ）……076
雲の峰（くものみね）……029
雲を霞と（くもをかすみと）……076
紅蓮（ぐれん）……091

け

鯨飲馬食（げいいんばしょく）……074
炯眼（けいがん）……119
逆鱗に触れる（げきりんにふれる）……050
消炭色（けしずみいろ）……102
懸想（けそう）……080
月暈（げつうん）……023
月下美人（げっかびじん）……113
月下氷人（げっかひょうじん）……082
血盟（けつめい）……086
玄（げん）……102
幻妖（げんよう）……123

こ

恋風（こいかぜ）……082
光陰如箭（こういんじょぜん）……131
紅灯の巷（こうとうのちまた）……136
光芒（こうぼう）……140
荒涼（こうりょう）……046
紅涙（こうるい）……084
氷の楔（こおりのくさび）……015
黄金色（こがねいろ）……094
木枯らし（こがらし）……021
深緋（こきひ）……091
極彩色（ごくさいしき）……106
苔生す（こけむす）……138
糊口をしのぐ（ここうをしのぐ）……074
心化粧（こころげそう）……082
心涼し（こころすずし）……145
心誓文（こころぜいもん）……086
来し方（こしかた）……131
枯淡（こたん）……145
木の芽時（このめどき）……035
琥珀色（こはくいろ）……101
小春日和（こはるびより）……040
狐狸妖怪（こりようかい）……123

Index

紺碧（こんぺき）……093

さ

五月晴れ（さつきばれ）……025
清か（さやか）……145
三寒四温（さんかんしおん）……041
残響（ざんきょう）……111
珊瑚色（さんごいろ）……091
山紫水明（さんしすいめい）……143
残照（ざんしょう）……140
残像（ざんぞう）……115

し

思案投げ首（しあんなげくび）……056
思案に暮れる（しあんにくれる）……056
潮煙（しおけむり）……007
潮騒（しおさい）……111
紫苑色（しおんいろ）……099
時雨る（しぐる）……084
時雨（しぐれ）……026
時雨心地（しぐれごこち）……046
静寂（しじま）……125
舌鼓を打つ（したつづみをうつ）……074
漆黒（しっこく）……102
淑やか（しとやか）……143
東雲（しののめ）……127
揣摩臆測（しまおくそく）……080
霜晴れ（しもばれ）……025
赤銅色（しゃくどういろ）……101
斜陽（しゃよう）……067
十字架を背負う（じゅうじかをせおう）……056
終止符（しゅうしふ）……151
周章狼狽（しゅうしょうろうばい）……049
終着駅（しゅうちゃくえき）……151
秋波（しゅうは）……119
愁眉（しゅうび）……046
秋風落莫（しゅうふうらくばく）……046
珠玉（しゅぎょく）……147
淑気（しゅくき）……117
主峰（しゅほう）……011
春秋（しゅんじゅう）……131
春塵（しゅんじん）……035
春風駘蕩（しゅんぷうたいとう）……035
春眠（しゅんみん）……112
初一念（しょいちねん）……080
小休止（しょうきゅうし）……071
猩猩緋（しょうじょうひ）……091
掌中の珠（しょうちゅうのたま）……147
翔破（しょうは）……063
常夜灯（じょうやとう）……135
渉猟（しょうりょう）……060
食指が動く（しょくしがうごく）……080
曙光（しょこう）……058
白河夜船（しらかわよふね）……112
白白明け（しらしらあけ）……127
不知火（しらぬい）……115
白練（しろねり）……104
白無垢（しろむく）……143
神機妙算（しんきみょうさん）……055
蜃気楼（しんきろう）……115
真紅（しんく）……091
斟酌（しんしゃく）……055
心中立て（しんじゅうだて）……086
晨星（しんせい）……032
深窓の令嬢（しんそうのれいじょう）……147

す

翠雨（すいう）……026
酔眼（すいがん）……119

Index

水魚の交わり（すいぎょのまじわり）……013
水琴窟（すいきんくつ）……013
酔生夢死（すいせいむし）……079
翠黛（すいたい）……011
水中花（すいちゅうか）……017
水簾（すいれん）……013
煤竹色（すすたけいろ）……101
雀色（すずめいろ）……101
鈴を転がすよう（すずをころがすよう）……111
簾名残（すだれなごり）……039

せ

静淵（せいえん）……125
青眼（せいがん）……119
星行（せいこう）……127
清灑（せいしゃ）……145
青女（せいじょ）……031
清浄無垢（せいじょうむく）……143
星霜（せいそう）……131
青天の霹靂（せいてんのへきれき）……049
静謐（せいひつ）……125
清遊（せいゆう）……073
積善の余慶（せきぜんのよけい）……117
雪花（せっか）……031
雪渓（せっけい）……011
切歯扼腕（せっしやくわん）……050
刹那（せつな）……131
瀬戸（せと）……007
蝉氷（せみごおり）……015
繊月（せんげつ）……023
千古不滅（せんこふめつ）……138
千思万考（せんしばんこう）……055
千紫万紅（せんしばんこう）……107
千秋楽（せんしゅうらく）……151
蝉鬢（せんびん）……121

そ

蒼穹（そうきゅう）……009
象牙の塔（ぞうげのとう）……125
霜天（そうてん）……008
そぞろ寒（そぞろさむ）……039
袖の雫（そでのしずく）……084
空知らぬ雨（そらしらぬあめ）……084

た

台風一過（たいふういっか）……025
田毎の月（たごとのつき）……023
黄昏（たそがれ）……128
立ち往生（たちおうじょう）……056
棚引く（たなびく）……079
魂消る（たまげる）……049
玉虫色（たまむしいろ）……106
玉響（たまゆら）……133
揺蕩う（たゆたう）……079
垂氷（たるひ）……015
淡粧濃抹（たんしょうのうまつ）……009
団欒（だんらん）……071

ち

遅疑逡巡（ちぎしゅんじゅん）……052
逐電（ちくでん）……076
地に塗れる（ちにまみれる）……067
千尋（ちひろ）……011
魑魅魍魎（ちみもうりょう）……123
宙ぶらりん（ちゅうぶらりん）……079
蝶よ花よ（ちょうよはなよ）……147
沈思黙考（ちんしもっこう）……055
沈潜（ちんせん）……067

つ

月影（つきかげ）……023
月の雫（つきのしずく）……013
月の霜（つきのしも）……023

Index

つ

月夜烏（つきよがらす）……073
晦日（つごもり）……131
爪弾き（つまはじき）……050
爪紅（つまべに）……016
露草色（つゆくさいろ）……093
露の世（つゆのよ）……133

て

梃子摺る（てこずる）……056
天衣無縫（てんいむほう）……143
天啓（てんけい）……058

と

慟哭（どうこく）……085
瞠若（どうじゃく）……049
陶酔（とうすい）……080
滔滔（とうとう）……013
朱鷺色（ときいろ）……091
常磐（ときわ）……138
永久（とこしえ）……138
常夏（とこなつ）……025
年の端（としのは）……149
とつおいつ……052
怒髪（どはつ）……050
共白髪（ともしらが）……131
友待つ雪（ともまつゆき）……031
虎の子（とらのこ）……147
鳥の子色（とりのこいろ）……104
頓狂声（とんきょうごえ）……049
頓知頓才（とんちとんさい）……058

な

中入り（なかいり）……071
渚（なぎさ）……007
夏掛け（なつがけ）……037
夏枯れ（なつがれ）……037
七つ星（ななつぼし）……032
菜の花色（なのはないろ）……094
鉛色（なまりいろ）……102
波の花（なみのはな）……007

に

逃げ水（にげみず）……037
日本晴れ（にほんばれ）……025
乳白色（にゅうはくしょく）……104

ぬ

濡烏（ぬれがらす）……102

ね

熱帯夜（ねったいや）……037
熱に浮かされる（ねつにうかされる）……045

の

脳漿を絞る（のうしょうをしぼる）……055

は

秤に掛ける（はかりにかける）……052
破顔（はがん）……069
白亜（はくあ）……104
白砂青松（はくしゃせいしょう）……007
白昼夢（はくちゅうむ）……115
白道（はくどう）……023
白読（はくどく）……060
白魔（はくま）……031
舶来品（はくらいひん）……147
初音（はつね）……111
溌剌（はつらつ）……145
鳩羽色（はとばいろ）……099
花明かり（はなあかり）……016
花嵐（はなあらし）……021
花筏（はないかだ）……017
花笑み（はなえみ）……069
花篝（はなかがり）……135
花霞（はながすみ）……016
花氷（はなごおり）……015
花暦（はなごよみ）……017
花冷え（はなびえ）……035
花吹雪（はなふぶき）……065

Index

華やぐ（はなやぐ）……045
波紋（はもん）……013
腹拵え（はらごしらえ）……074
春霞（はるがすみ）……035
春告鳥（はるつげどり）……019
春疾風（はるはやて）……035
挽歌（ばんか）……151
晩鐘（ばんしょう）……111
万緑（ばんりょく）……096

ひ

日脚伸ぶ（ひあしのぶ）……041
火遊び（ひあそび）……073
翡翠（ひすい）……019
秘色（ひそく）……093
日照り雲（ひでりぐも）……029
灯ともし頃（ひともしごろ）……128
終日（ひねもす）……131
氷室（ひむろ）……015
繙く（ひもとく）……060
百色眼鏡（ひゃくいろめがね）……107
白緑（びゃくろく）……097
百花繚乱（ひゃっかりょうらん）……017
百鬼夜行（ひゃっきやこう）……123
氷解（ひょうかい）……058

ふ

風炎（ふうえん）……021
不香の花（ふきょうのはな）……031
伏魔殿（ふくまでん）……123
伏し目（ふしめ）……119
二藍（ふたあい）……099
舟を漕ぐ（ふねをこぐ）……112
不文律（ふぶんりつ）……086
不夜城（ふやじょう）……135
浮遊（ふゆう）……079
冬ざれ（ふゆざれ）……041
冬隣（ふゆどなり）……039
蚊雷（ぶんらい）……111

へ

翩翻（へんぽん）……079

ほ

萌芽（ほうが）……149
鳳眼（ほうがん）……119
箒星（ほうきぼし）……032
芳醇（ほうじゅん）……074
滂沱（ぼうだ）……085
放蕩（ほうとう）……073
蓬髪（ほうはつ）……121
亡羊の嘆（ぼうようのたん）……052
北叟笑む（ほくそえむ）……069
星屑（ほしくず）……032
星月夜（ほしづきよ）……032
暮色蒼然（ぼしょくそうぜん）……009
骨休め（ほねやすめ）……071
仄仄（ほのぼの）……135
雪洞（ぼんぼり）……135

ま

末筆（まっぴつ）……151
待宵（まつよい）……129
摩天楼（まてんろう）……136
真艫（まとも）……021
微睡む（まどろむ）……112
眦（まなじり）……119
まほろば……136

み

澪（みお）……007
蜜柑色（みかんいろ）……095
岬（みさき）……007
水に燃えたつ蛍（みずにもえたつほたる）……083
水鞠（みずまり）……013

Index

水を打ったよう（みずをうったよう）125
水縹（みはなだ）093
明星（みょうじょう）032
海松（みる）097
身を焦がす（みをこがす）082

む

夢幻泡影（むげんほうよう）133
虫の知らせ（むしのしらせ）058
叢雲（むらくも）029

め

明鏡止水（めいきょうしすい）143
明眸（めいぼう）119
迷夢（めいむ）052
目抜き通り（めぬきどおり）137
目の正月（めのしょうがつ）045

も

萌黄色（もえぎいろ）096
木蘭色（もくらんじき）101
物見遊山（ものみゆさん）073
百塩茶（ももしおちゃ）101

や

野禽（やきん）019
八雲（やくも）029
夜叉（やしゃ）123
夜天光（やてんこう）140
山粧う（やまよそう）011
遣らずの雨（やらずのあめ）026

ゆ

悠遠（ゆうえん）138
誘蛾灯（ゆうがとう）135
夕餉（ゆうげ）074
幽玄（ゆうげん）143
憂国（ゆうこく）046
夕凝（ゆうこり）015
夕映え（ゆうばえ）140
雄飛（ゆうひ）063
悠揚（ゆうよう）125
行き合いの空（ゆきあいのそら）008
雪化粧（ゆきげしょう）031
指切り（ゆびきり）086
夢心地（ゆめごこち）079
夢路（ゆめじ）112

よ

夜明け（よあけ）149
宵の口（よいのくち）128
揺籃（ようらん）149
横恋慕（よこれんぼ）082
夜さり（よさり）129
終夜（よもすがら）129

ら

乱舞（らんぶ）064

り

溜飲を下げる（りゅういんをさげる）045
柳眉を逆立てる（りゅうびをさかだてる）050
綾羅錦繍（りょうらきんしゅう）107
緑陰読書（りょくいんどくしょ）060
凛と（りんと）145

る

瑠璃紺（るりこん）093

れ

黎明（れいめい）149
零落（れいらく）067
玲瓏（れいろう）143

ろ

籠鳥（ろうちょう）019

わ

別れ烏（わかれがらす）019
山葵色（わさびいろ）097
忘れ咲き（わすれざき）017
勿忘草色（わすれなぐさいろ）093
笑い草（わらいぐさ）069

あわい　Instagram: @awaiwaiwai

1981年、東京都生まれ。武蔵野美術大学卒業後、イラストレーターとして活動を始める。2013年頃から女性をモチーフにしたイラストレーションを描き始める。Web広告、雑誌、似顔絵などの制作を手がける。誠文堂新光社イラストノート誌「第14回ノート展」準大賞受賞。

YUEISHA DICTIONARY

言の葉連想辞典

2019年6月19日　初版第1刷発行
2020年4月23日　第4刷発行

絵　あわい
編　遊泳舎
デザイン　望月竜馬

発行者　中村徹
発行所　遊泳舎

〒180-0022
東京都武蔵野市境4-1-21　第一平和荘7号室
TEL / FAX　0422-77-3364
URL　http://yueisha.net
E-mail　info@yueisha.net

印刷・製本　シナノ印刷株式会社

Printed in Japan　ISBN 978-4-909842-03-9　C0095